一个销售总监十六年的抢单笔记

销售无畏

徐铁◎著

XIAO　SHOU　WU　WEI

没有搞不定的客户，只有不懂技巧的销售

照着做，你就能成为销售高手

民主与建设出版社
Democracy & Construction Publishing House

图书在版编目（CIP）数据

销售无畏 / 徐铁著. -- 北京：民主与建设出版社，

2016.1

ISBN 978-7-5139-0942-6

Ⅰ.①销… Ⅱ.①徐… Ⅲ.①销售—经验—中国

Ⅳ.①F713.3

中国版本图书馆CIP数据核字(2015)第287298号

出 版 人：许久文

责任编辑：李保华

整体设计：仙　境

出版发行：民主与建设出版社有限责任公司

电　　话：(010)59419778　　59417745

社　　址：北京市朝阳区阜通东大街融科望京中心B座601室

邮　　编：100102

印　　刷：固安县保利达印务有限公司

版　　次：2016年5月第1版　2016年5月第1次印刷

开　　本：16

印　　张：14.75

书　　号：ISBN 978-7-5139-0942-6

定　　价：36.00元

注：如有印、装质量问题，请与出版社联系。

只有搞定自己，才能搞定别人

几年前，我去内蒙古出差，途中回老家待了几天。

当时已经是冬天，公司业务紧迫，没多逗留就又要上路，临走前，我父亲说："我送送你吧。"以前的我肯定不会答应，但那天我没拒绝父亲，两个人一路无言，从家走到火车站，顶着漫天小雪。

父亲说我就送到这了。我来到站台转身看到父亲的背影，莫名感到一阵酸楚，眼泪止不住流了下来。

很多事，很多话，很多人，在经历时没有触动，真正明白其中的感受可能已经是多年以后了。

做销售十几年了，几次想转行，从入行到事业高峰期，一直没有断过这想法。为什么？累。销售，这份工作不仅在脑力上，也在体力上给人很大压力。

现在，十五年过去了，我还在这个行业，我问自己：为什么能坚持到现在？

我想到两件事。第一件事，是我刚进保险公司时，面试我的领导姓张，一个看起来很严肃的年轻女主管，戴着眼镜。

在确定入职后，她跟我说："小徐，你的资历不错，我让你入职。不过有几件事也要跟你说下。"

"你还年轻，虽然我们才见面，但从你刚才所说的工作经历中，我觉得你是个目标感不强的人，而我们公司的核心观念就是目标感，作为销售，目标感很重要。"

"我不希望以后给你的评价是'小徐人不错，可是工作目标没有达成'。"

我看着她，并不理解她所说的目标感，我甚至觉得自己的目标感还挺强的。

第二件事，我曾经花了三个月，拜访同一个客户二十多次，做了无数的准备工作，研究了无数的销售技巧。客户很信任我，对我的服务也很满意，但始终没有签单。

我每天拜访客户前都会做详细的准备工作，不知道比其他人努力多少倍，我当时的主管姓郭，看到这种情况后把我喊到办公室，问我："小徐，你那么怕把单子卖出去吗？"

我没懂他的意思。

他接着说："你每天忙这忙那的，不就是为了把单子卖出去吗，你服务做得再好，卖不出去又有什么用？"

这时我大概知道之前那位张经理跟我说的目标感是什么意思了。

销售，和所有工作一样，有技巧有天赋。但不同的是，做销售前，有一个门槛，你得搞定自己的心态，搞定了，你就上道了，你就知道自己要卖什么要做什么，然后才能谈到技巧和天赋；搞不定自己，想搞定客户更是难上加难。

我想这是销售的第一道关吧，故为序。

目录

CONTENTS

I

PART1

PART 2

兼职记

II

卖保险记

PART 3

III

IV

PART 4

超市攻关记

软件销售记

PART 5

v

入行记
PART 1

1.卖出第一件很容易，难在第二件

2000年7月，我和郭浩刚从学校毕业，郭浩的母亲想让他回老家当教师，对我们去外地找工作很反感。尤其是"计算机""电脑"这些名词，对于一个才开始有网吧，有CS的小县城的近50岁的长辈来说，陌生得让人恐惧。

郭浩与我不同，我父母长期经商，对我外出谋生没有什么意见，就算混不好还可以回家帮他们卖卖泡菜（我父母是开腌制品加工厂的）。但郭浩的父母都是企业职工，对于销售，他们认为和摆地摊是一个概念。

从学校出来时郭浩问我："我一个学数学的，该找什么工作？"

我告诉他："我还是学历史的，难道我要去教中学生？"

我们俩就这样去了人才市场，可笑的是，人才市场和人力市场靠在一起，隔了一条街，我和郭浩去的其实是人力市场，后来有一次跑客户经过那里时才发现。

在经过三个星期对电工、水管工、瓦匠等招聘的筛选后，我们俩对找工作很悲观。郭浩甚至打算去做电工学徒，他说自己物理学得还不错。这时候我们看到了一个电脑公司招聘销售的广告。招聘的老板姓耿，一身藏青色西装，穿着白衬衫，打着一条蓝色条纹的领带，在人力市场里面很抢眼，我当时很纳闷，为什么一个代理电脑销售的要穿得跟金融从业人员一样。

"这么说，你们俩是刚毕业，打算找工作？"

"是的，不过电脑这东西我一点也不懂。"郭浩表达了我们俩的看法。

耿老板很直爽："没事，我们提供专业的培训，你们知道IT业么，知道中关村么？中国的硅谷，从那出来的都是有钱人。才毕业一定要找个好平台，我们公司你们肯定听过。"

于是我们俩便跟着耿老板走了，回头想想，刚毕业的时候真是单纯，连工钱都没谈。

耿老板的店，除去我们两个新人业务员，还有财务部的江姐和技术部的孟帅，再加上耿老板，总共五个人，一家电脑销售公司就这样诞生了。

不得不说，郭浩是个非常老实巴交的人，说话单调乏味，与一般能说会道的业务员完全搭不上边，我看着店里面琳琅满目的电脑仪器，对耿老板说："我们俩不一定适合做销售。"

耿老板拍拍屁股，说了一句至今让我还铭记在心的话。

"就算你们俩啥都不会，市场上转三个月也能卖出去一台。"

这话当时我还觉得是玩笑，现在想来真是销售界莫大的真理，从业十五年，做过各行各业的销售，见过稀奇古怪的业务员太多了，瘸腿挂拐跑业务的、脸上三道疤小孩见到都会吓哭的、身高一米四的……这些人中有刚毕业的大学生，也有半个字不识的老大妈，有下岗退休的，还有一边卖保健品一边卖保险的。有些人在销售界一待就是十几年，有些人几天之后就坚持不下去了，但不管是哪类业务员，他们只有卖得多和卖得少的分别，而不存在卖不卖得出去的问题。

市场上最大的规律就是供需关系，有需求就有供应，有供应就有销售，只要你带着产品在市场上，就算你不主动推销，都会有人主动找你购买，所以刚入行的销售从业者，必须具备的第一心态就是：

没有卖不出去的产品，只有不会卖东西的人。

做销售一定要乐观，不能有一点消极情绪，要对自己和货品有十足的信心。如果你总想着产品不好卖，总认为自己做不好，那干脆还是早一点转行算了。

在实际的门店销售过程中，有很多导购在接待客人的时候，习惯性地去判断客人会不会买，结果就会产生先入为主式的想法。他们心里想着：我们的产品好不好卖啊，客户是否有需要啊……这类销售人员在犹豫的过程中，会错过很多销售产品的机会。另外，还有一些销售人员看到某些客户时，习惯主观判断，比如他们家的产品比较高端，而来了一个穿着普通的人，他们就会认为这个人肯定买不起自家的产品，就算是客户主动询问，他们也会爱搭不理。

这种先入为主式的消极想法是非常不正确的，客户是否有能力、有意愿购买是人家的事，作为销售，尽全力推销才是你的本职工作。

还有一类销售人员不自信。赵本山的小品《卖拐》深入人心，他在卖拐时，"老伴"高秀敏就打退堂鼓说："要我说这个拐就别卖啦！……这满大街都是腿脚好的，谁买你那玩意啊？"

赵本山一番"我能"的表白非常自信："我能把正的忽悠斜了，能把蔫的忽悠谑了，能把尖人忽悠嗯了，能把小两口过的挺好，我给他忽悠分别了。"

小品中赵本山饰演的角色，绝对是一个好销售，而高秀敏饰演的角色则属于缺乏自信的销售人员。一个缺少信心的销售人员，就算手里拿着再好的产品也可能卖不出好业绩。

进店客人对我们货品的信心，很大程度来自于导购对货品的信心。如果你在销售过程中表现出畏难情绪，那么就会传递给客户消极的信息，"导购都不确定，这东西能好使吗？""销售对产品犹豫，说明这东西肯定不行。"

只要入行做销售，无论加入什么公司、销售什么产品，一定要有坚定的信心，相信自己，相信公司，相信产品。如果你对公司、对产品缺少信心，为什么还要来这里工作？如果你对自己没有信心，为什么还要从事销售行业？

在实际销售过程中，销售新人面临的两大问题就是"我"行不行和"产品"行不行，尤其是第一个问题可谓销售新人最大的心魔。克服了这个问题，就等于成功开启了销售生涯，如果克服不了，很可能就会选择转行。

没有卖不出去的产品，只有不会卖东西的人。只要你手里有产品，无论多久，一定可以卖出去，或者说被客户买走。你的老板在制造产品时一定经过了认真的市场调研，如果没有市场需求，谁都不会盲目投资，所以说卖出第一件产品绝对不是难事，难在你能否卖出第二件、第三件……

想成为优秀的销售人员，一定要有乐观的心态与十足的自信，如果你在推销时总是感到恐惧、担忧，那么必须尽快调整好心态。

2.敬畏你的客户，但不要逃避

　　我谈销售心态的目的并不是要进行激励性的销售洗脑，相反，我觉得激励式洗脑培养出的打鸡血心态并不是特别有效。比如保险公司的喊口号、搞激情销售，讲师台上讲得兴奋，下面的销售人员，尤其是新人更加兴奋，觉得自己现在去市场上就能卖出几百万的业绩来，但最终大多铩羽而归。上文所说的销售员心态，"只有卖多卖少，而不存在是否卖得出去"，是我在行业内见到的，从业至少三年以上的销售员的普遍心态。

　　很多人觉得心态这种虚无缥缈的东西很没意义，销售员卖不出去东西、遇到挫折是必然，再厉害的销售员也会有峰谷期和峰底期。而心态调整，在一些销售人员看来，就是调整遭遇挫折时的负能量心态。这其实并不绝对，负面心态对销售有非常大的意义，比如说恐惧，你在野外遇到一只老虎，你不害怕不逃跑的话，很可能会被老虎咬死。恐惧有时候决定了我们能否生存。

　　我在这里谈的销售中的心态，准确说来并不是教你如何调整心态，更主要的是描述优秀销售人员普遍有的，在销售时的一些自我心理认知。不得不说，缺乏自我认知的人也能卖出去单子，但只有接受并改变自己原先认知的人，才会在这个行业活下来，并越做越好。第一个普遍的认知就是承认我可以卖出去，只有卖多卖少的差别。

　　到耿老板公司的第二个晚上，他给我们进行了一次培训，把公司销售的电脑产品天花乱坠地介绍了一遍，然后就是让我们熟记产品介绍的各

销售无畏

种话术。实际上当时我跟郭浩对什么奔腾三、内存、显卡一点都不了解，耿老板说："现在中国才开始普及电脑，我们这地方不像大城市，很多家庭都还没有，想买电脑的人非常多，市场非常大，你们就照这个跟客户说。"我跟郭浩两人就把我们的电脑速度如何的快，屏幕如何的大，网速如何的好……整整背了一晚上，当年大学挂科补考都没这么下过功夫。

完事之后，我跟郭浩觉得明天就是摆着机子放在那收钱就行了。郭浩睡我上铺，跟我说："铁哥，我觉得销售没什么难啊，这么好的东西谁不愿意买？"

第二天，耿老板带着我们俩去了一个商场展会，小地方的好处就是，一逢周末商场里就一堆人，刚好又是商场办家电节，卖冰箱的、卖彩电的、卖空调的都在这个商场摆展柜，加上我们，卖电脑的展柜不过三家，不到7点，我们三个就把展柜摆好，等着客户上门。

中午耿老板买了三份鸡腿饭，一边吃一边问我们俩："你们说，为什么那边卖电饭煲的有那么多人围着，我们这一上午一个人都没有？"

说实在话，耿老板是一个非常淡定的人，他把我和郭浩这两个二愣子招过来，包吃包住还给薪水，居然还能忍受我们俩傻坐着等客户。

郭浩说："大概是他们家都有电脑吧？"

"你觉得那个老大爷家也有？"耿老板指着一个戴着雷锋帽的大爷。

"他肯定不会用啊！"我说。

"你怎么知道？"

我们俩一愣，心想这还用问么，这大爷都能当我爷爷了，还一副乡土打扮，对那个电饭煲都研究半天，怎么可能会用电脑。

耿老板接着说："我问你们俩，他不会用就不能卖给他了？你们俩不招呼人过来，谁会来看这铁盒子，真当有人主动来买吗？就是卖菜的也要吆喝两嗓子吧。吃完饭，你们俩去招呼人过来，今天不卖出去一台，明天你们俩就不用来了。这就算你们的实习。"说完耿老板就去后台了，"就按我昨晚教的来介绍，能卖出去，相信我没错的。"

刚才我们还觉得耿老板太淡定了，这回明白了，鸡腿饭不是白吃的。

我跟郭浩坐在柜台里，一面为自己的前途担忧，一面思量耿老板的话。他说的没错，我们不招呼人的确不行，而且昨晚背那么多话术，一点也没用上。中午饭点一过，商场里的人又渐渐多起来，郭浩问我："怎么招呼？"

我看到一个中年人在电视机展柜那边，正往我们这走过来，"我们先问问那个人。"

"怎么问？"

"就说你要不要看看电脑。"

"好。"说着郭浩就上去了。

"先生您好，请问你要不要看看电脑？"郭浩说话的样子就跟刚学说话的小孩一样。

"不要！"那人摆摆手，看都没看郭浩一眼就走了。

郭浩舒了口气走回来："他不买，你上。"

我看又一个中年人朝我们展柜走来，就这么一会，我手心出汗，浑身发抖，典型的肾上腺素分泌反应。一位先生走了过来，我拦住他："你好，请问要买电脑吗？"

"嗯？你说什么？"

我指指柜台："电脑，你要看一看吗？"

"哦，你说慢一点，我没听清楚。"当时我太紧张了，导致语速过快。说着话，他跟着我到了柜台，"这个有什么用？"

"这是现在最先进的电脑，可以看电影打游戏，做家庭影院，我们用的是最新式的处理器，非常快。"我算了算，说完这段话我当时只用了一秒钟。

"太贵了，没什么用。"他转身又走了。

我松了口气，回到座位上，对郭浩说："到你了。"

郭浩又走出展柜，这时没人经过我们这，他开始向一个大叔走去，走到一半，他转了回来："不行，我讲不出来，要不你跟我一起试试。"

……

这就是我和郭浩的第一次销售经历，对客户的恐惧并不是所有销售人员都会有，据说，人类在遭遇敌人时，有两种反应，一是逃跑，二是攻击。但无论是哪种反应，都会分泌大量肾上腺素，导致语速加快，手脚发抖，当恐惧扩大，我们就会逃跑，逃不了了，就会反击，反击的时候你会兴奋。我们接触客户时，尤其是新人常常都会这样，想想你有没有因为马上要见一个客户而急躁兴奋，或者，因为马上要见一个客户而害怕，想要逃避，这两者反应相反，但都是因为恐惧所导致。

这是好事。

你要是不怕老虎，你就不会逃跑，你可能就会被老虎吃掉。负面情绪的积极意义就在于此，它能让你更理智，如果你害怕见客户，那么你问自己三个问题：

（1）自己害怕的究竟是什么，是担心产品不好还是担心客户拒绝，担心客户的疑问无法解答，还是自己的销售业绩不能达成……你一旦知道自己害怕什么，你就可以去着手解决。什么都不怕的销售员我也见过，基本都是满嘴跑火车的骗子。

（2）如果我逃避客户，我会损失多少业绩，少赚多少奖金。我该如何完成销售业绩？不关注销售业绩的人绝对不是一个好销售，你对客户的恐惧如果超过了你对业绩的关注，说明你认为这个客户能给你带来的价值不够，可是我们永远也无法知晓一个客户的潜在价值到底有多少。

（3）如果这个客户拒绝我，他会如何拒绝我。提前思考并做好心理准备，可以让我们面对客户时更淡定，而客户的每一次拒绝都能让我们的销售技能更加精进。

对于现在的新人来说，因为过于恐惧而不敢接触客户的非常少，这类人大多在面试时就被筛选掉了，更多的可能是无法控制自己的情绪，接触客户时完全忽视客户的反应，自顾自把该说的一溜说完。无论是因为什么原因引发的恐惧情绪，最简单的解决办法就是：找一个搭档。

我和郭浩的问题主要是，两个刚毕业的大学生，对接触社会还有些排斥，有点紧张。不过，两个人一起工作会感到安心不少。我们俩整理好衣服，继续物色客户，这时来了一个导演打扮的中年男人，胸口挂着一个相机，头发喷了发胶，看起来很时尚。他从另外两个电脑展柜走过来，我和郭浩意识到这是潜在买主，于是迅速迎上去。

"先生您好，请问是想买电脑吗？"

"看看而已。"他摆摆手，直接绕到我们后面去试机子。我们俩对视一眼，没跟上去。这种情况下，客户明显是有购买意图，但可能有自己的购买意向或对销售人员有排斥，其实这是最佳的询问客户需求和强化需求的时机，不过当时我们没有这个意识，而且切入不好的话，很可能会引起反感。

这个客户在几台电脑上试了试后又去了旁边的电脑展柜，我跟郭浩正打算物色下一个客户，他又折了回来，问我："这台电脑什么配置？"

郭浩跟在我后面，这次我觉得自己说话的速度慢多了："这是现在最先进的电脑，可以看电影打游戏，做家庭影院，我们用的是最新式的处理器，非常快。"说完郭浩把电脑打开，把配置单拿给他看。

客户又试了试电脑，然后转身又走了。没过一会，那个人在旁边的展柜买了一台电脑。

这对我们的打击太大了，眼看着展会就要结束，我跟郭浩说咱们准备换工作吧，郭浩点点头说自己看来还是更适合当老师，我说就你这样，面对一群孩子你也讲不出话来。

我们正聊着，来了两个学生打扮的人，过来就问："这个电脑能玩红

销售无畏

警吗？"当时我还不知道红警是什么，不过看到耿老板在桌面上放了一个红色警戒图标，就说："可以玩。"这两个学生很麻利地将游戏打开，试玩了几分钟，然后说："我们要两台。"

看来耿老板说得没错，就算啥都不会，也能卖出产品，我们也不用卷铺盖走人了。

销售工作其实就是这样，属于"易于上手，难于精通"的一种技能，易于上手在于只要你去销售，就可以卖出东西，而且很可能连到底是怎么卖出去的都不知道，因为总会有客户主动前来购买；难于精通也在于此，如果你一直不知道客户为什么会买，那你就很难再卖出去了。

3.销售，别出心裁的手法、标新立异的艺术

    虽然没有被耿老板开除，还因为卖掉两台电脑让我跟郭浩拿到200元的提成，但我们还是受了不小的打击，觉得销售行业要靠运气。拿着钱，我们两个晚上去喝了一顿，一边喝一边聊，郭浩问我："铁哥，你觉得那俩人为啥要买？""玩游戏呗。""不是，我的意思是，我们怎么就运气这么好，碰到这两个人。"郭浩一下提醒了我，对啊，要不是我们站了一天，聊了不少客户，也不至于让我们碰上，看来需要大量的客户积累才会遇到一个成单的。

    这时候销售的概念，在我和郭浩的脑子里，就是个数字游戏，客户越多，成交也越多。于是，我们跟耿老板说，要出去多跑跑客户，耿老板很高兴，说你们俩成长了，尽管出去跑，交通费他出。我和郭浩就带着宣传单和一台样机出发了。

    我们当时觉得卖电脑困难，最主要的原因是很难判断潜在客户，不清楚什么人需要用电脑。我们借鉴卖掉第一台电脑的经验，认为玩游戏的人可能会有需求，于是我们不约而同地想到了网吧。

    原以为我们会遭到网吧老板的阻碍，我们还想好了对应的办法，比如说在网吧的厕所贴海报啊，在鼠标下面留名片啊。结果去了网吧之后，发现完全不是那么回事，那时候的网吧监管还不严格，上网的大多是未满十八岁的学生，口袋里凑个几块钱上网都不容易了，剩下年纪大点的，也是毫无购买力，用现在流行的词说，就是屌丝。

出了网吧，我们又开始琢磨，什么人有钱又有可能想买电脑？下午吃了一碗大肉面，郭浩跟我说去公园，那地方聚集着不少打牌的人，我们可以给他们演示怎么用电脑打牌。路上我们经过一个小区，门口有一个小姑娘摆个展台在推销订购牛奶，我一下反应过来，这是一个新开发的小区，业主都是刚搬过来的，有的还在装潢，装潢就要买家电，买家电搞不好就要买电脑。我把郭浩一拉："不去公园了，就在这里卖。"

这时正是晚饭时间，小区里吃过饭的人开始陆陆续续出来散步，夏天的好处就是天黑得晚。我跟郭浩开始给每一个散步的人散发宣传单，大多数人看看就走了，这时候听见卖牛奶的小姑娘吆喝起来："新鲜牛奶，早起不用做早饭，送到家门口，今天办理还有活动，欢迎品尝。"不少人都被吸引过去了，我心想："还是这些刚需性的产品客户需求多啊。"一边也考虑着吆喝点什么让人过来看看电脑。

一对年轻夫妻打扮的人正在看牛奶介绍，男的对女的说："订这个干嘛，我又喝不惯，你要喝就订你自己的。"女的说："订一个人的，那你早上吃什么，我才不给你做早饭。"男的说："不做就不做，现在谁知道这牛奶新不新鲜，换个标签就送了。"说着就拉着女的要走。我心想这男的真会捣乱子，自己不买就算了，还害人家小姑娘没法做生意。

小姑娘迅速从人群中转向这对夫妻，对女的说："姐，您是不是早上上班太忙，没时间做早饭啊？"

"是啊。"

"那我们这个牛奶配送很适合您的，早饭不用自己做，出门上班就能吃到，我们送奶很准时。"

女的有点疑惑："你们牛奶新鲜吗？"很多人都围了过来。

小姑娘接着说："姐，您放心，我们的奶都是当天杀菌消毒当天送，用的都是干净的玻璃瓶密封包装，新鲜牛奶放不久，您要是早上8点上班，喝到的还是新鲜奶，要是睡个懒觉到9点，这奶味可能就变了。"

旁边的人都被逗笑了，我想这小姑娘真是挺会说话的。

男的接过话，说："我喝不惯牛奶，味道腥气。"

小姑娘好像就在等着男的开口说这话，顺手拿了一张类似牛奶营养表的宣传彩页，说："哥，很多人都喝不惯牛奶的呢，可早餐不仅是要好吃，像油条这类好吃的早点，太油腻不健康。早餐吃好很重要，尤其像您这样每天在外这么忙，晚上回家一定很累，早上喝杯牛奶的话可以让你精力充沛。"

男的没说话，小姑娘继续说："而且我们不仅有纯牛奶，还有许多口味，有水果的，巧克力的，你喜欢喝哪种，订半年还是一年呢？"

接着小姑娘就不说话了，我在一旁都觉得场面冷静得尴尬，男的把产品彩页翻了又翻，然后对女的说："你看要哪种？"

"就这个原味的，订半年。"

小姑娘这时候开口："姐，现在我们订一年还有活动，价格比半年的要划算，不如干脆订一年。"

女的问男的："你说呢？"

男的说："那就一年，反正早饭都得吃。"

"好的，那我给你填个表，家住几楼？"后面的人也陆陆续续在小姑娘这订了牛奶。

人慢慢少了，我跟郭浩没什么收获，趁小姑娘收摊的时候，我跟她搭讪："生意不错啊，你挺厉害的。"

小姑娘笑笑："过奖了。"

"你刚才是故意不说话等那男的开口的？"

"看出来了啊，是的啊，先开口的就输了。"

"你怎么就知道这男的会买呢？"我很疑惑。

"我哪知道，就是得聊聊才能聊出来嘛，我刚故意问他订一年还是半年，就是等他说出来再用活动来吸引他，很平常的手法啦。"

我竖起大拇指："看不出，技巧居然这么多，学习到了。"

小姑娘收拾好展台，骑上车准备走："我只是兼职而已，而且说到技巧……"小姑娘回头对我一笑，我还记得她那句话，"刚才那俩人是我们经理，做托的。"

听完这话我当时就傻了，这件事真真正正让我对销售产生了不一样的看法，我原以为销售不过就是推销，跑够了，等着客户上门就可以了，这个卖牛奶的小姑娘让我知道了营销的魅力。

（1）推销是体力活，营销是脑力活。做销售一定要动脑子，而不仅仅是动腿，常常思考如何销售的人才能学会销售，否则再努力去跑客户也不过是勤奋一点的守株待兔。

（2）营销是创造力。销售中的技巧体现出的是一个人的创造力，如同艺术家一般，只有做出不一样的技巧，才能吸引客户签单。

（3）每一次销售都是一次修炼。和武林高手一样，成为销售高手一定是在无数次的实践中养成的，在这其中你会"顿悟"，突然领悟到一个新的技巧，每一次这样的领悟都会让个人的销售技能得到提升。

案例中讲到的销售手法我在从业生涯中见过很多次，每次都会被销售人员的智慧深深折服。让我印象深刻的另一件事，就是我家附近一家超市的促销手段。

有一段时间，家门口的超市里销售一种乳酸菌饮料，整个夏天都在小区里搞促销。味道好，养胃促消化，每天吃完饭之后，小区的居民在楼下散步，都会去买一瓶。

就这样持续了一个多月，突然有一天晚上，我们发现买不到这种饮料了，平时在小区摆摊的小姑娘很不好意思，说："叔叔阿姨们，真抱歉，最近这种饮料因为卖得太火，已经进不到货了，我们争取在下个月的时候再进货。"

大多数人说进不到就算了，几天不喝也没什么。这时候小姑娘拿出另一种饮料，说："叔叔阿姨们，这个饮料也是同一个厂家生产的，养胃助消化，大家可以尝一尝。"

一些小孩拉着大人要买，很多人也就顺势买了，其实味道也差不了多少，几十块钱一箱的东西，大家并没有太在意。

一个月后，原先的乳酸菌饮料又上架了，我家冰箱里还放着一箱上次买的饮料，就没打算买，结果小姑娘说："叔叔阿姨们，这批货好不容易进到，不买就没有了。"

我老婆说要买，几十块钱，拗不过她，就又买了一箱。

然后我就发现，我这个月如果买的是乳酸菌，下个月肯定没货，就得买她家的另一种饮料，之后又买乳酸菌，我琢磨着是不是这个超市的进货频率就是这样，但仔细想想也不对，因为每次我买乳酸菌的时候，家里肯定都会有另一种饮料没喝完。

后来我也是在一次培训中看到过类似的案例，才弄明白超市的这种营销手段。

首先，销售人员告诉你以前销售的产品断货了，然后推销另一种产品给你，在你购买之后，又把所谓"缺货"的产品上架，告诉你这个产品现在"限量"销售，通过这种方法，同时可以带动两种产品的营销。

看到这里，谁还敢说销售只是跑腿的体力活呢？

4.同理心和目标感

我儿子刚8个月的时候，我就发现婴儿的学习能力非常强，每天看到他都觉得跟昨天完全不一样。我跟郭浩在进入销售行业最初的几个月也是如此，销售技能成长得特别快，能快速领悟到很多销售技巧。随着技能的逐渐成长，我和郭浩的一些短板也开始暴露出来。除去销售经验不足这些后期可积累的因素外，一些个人性格上的因素也开始影响我们的销售手法。

9月份开始，高中生毕业，进入大学，大学新生人手一台电脑是标准配置，就像小学生每年开学要买新书包一样。这段时间我跟郭浩不再外出跑客户，更多的是留在店里接待顾客。

我们之间的配合也越来越默契，通常都是我去观察，去发现客户，然后和郭浩一起去谈。有时候我主讲他促成，有时候我介绍他当托，当时我也不知道为什么，只要是我认定的客户，到最后往往都会签单，但郭浩发现的客户，我基本都看不上，签单率也很低。

一天，很多客户在咨询，财务蒋小姐和做技术的孟帅都出来接待客户，我跟郭浩反而懒洋洋地歇在一边，因为我们只差一台笔记本电脑就能完成这个月的销售业绩了。那时候的我很自大，扫一眼这些客户怎么看电脑，听听他们说什么问什么，大概就知道这个客户会不会购买。

那天店里的客户明显都是过来转转的类型，只是来了解一下，并没有真心打算购买，这类潜在客户我都是放到下一次。因为市里一共就三家电脑代理，而我们又是最大的一家，论型号论价格都比较有竞争力，所以并不担心客户会跑掉。

有一个穿polo衫的男人吸引了我的注意。这人四十来岁，带着一个高中生，从高配置区一直看到低配置区，然后又逛了几个来回。我拉住郭浩："这个人有戏。"郭浩白我一眼："你看他那工人气，像有钱买的？"

我说："第一，这个人从进店开始就一直在看，逛了几个来回，一般人逛一圈就走了，能逛这么多圈的不是贼就是客户；第二，他逛了这么多圈只是在看，碰都没碰一下样机试试，证明他不懂电脑，肯定是给小孩买；第三，你穿着西装人模人样的，就有钱了？"

我迅速靠近客户："先生你好，看电脑呢，想做什么用的？"

Polo男笑笑："我也不懂，儿子刚上大学，想给他买一台。"不出我所料，客户直接说自己不懂，这就给了销售员很大的操作空间，这样的客户现在是越来越少了。

我说："考到哪了呀？"

"中南大学。"

"哟，那是好大学，以后前途无量啊，是得选台好点的电脑，现在电脑是大学生必备，以后出去找工作不会电脑可不行。"这是在强化客户需求。

Polo男挺高兴："是的是的，不过电脑我还真不知道买哪个好，小孩自己也不清楚。"

"那你可找对人了，我们是市里最大的一家电脑公司，品牌多型号全。买电脑关键是要经久耐用，大学生买电脑一定是能对学习帮得上忙的，我们正在做活动，学生购买电脑四年保修，保证从上大学到毕业都安心用电脑。"说着我领着他到一台笔记本电脑的样机旁，"这台笔记本电脑是最新款，特别适合大学生用，方便携带。"

"这台多少钱？"

这时候就是我跟郭浩配合的时候了，笔记本电脑在这时段的价格很高，整个电脑行业的水分都很大。我喊郭浩："郭工程师，麻烦看下这台笔记本库房还有没有存货，拿个配置单来。"

郭浩走进库房，其实他也就是进去转了下，然后拿了张纸出来，上面写着这台笔记本各个配件的价格，他走过来也没看polo男，直接跟我说："徐经理，今天几个客户提走了，现在就剩两台了。"然后他把配置单给polo男："这款笔记本性价比很高，这么好的配置只要7999元。"

Polo男拿着配置单看了半天，问："就这一款了吗？这价格有没有得降？"

郭浩说："电脑产品都是厂家出货定价的，我们都是代理直接销售，没还价的。"

Polo男皱着眉头，对身边的高中生说："就要这个？"

高中生很稚嫩，点点头。

"这钱不是小数目啊，够给你妈买好几个月的胰岛素了，我们再看看别的。"

高中生又点点头。

我心想，这是硬件问题——缺钱，看来是解决不了了，郭浩这点看的还是对的，于是我跟polo男说："我们还有别的款，我再带你看看。"说着我又让郭浩去提个别的配置单。

这会功夫，我从polo男这边了解到，他是市里的维纶厂工人，现在厂里效益越来越差，老婆有糖尿病，每天要打胰岛素，经济压力很大，孩子上大学还是借的钱，电脑一定要给孩子买，可是这价格实在太高。

这时郭浩回来了，我拉他到一边，跟他说了polo男的情况，郭浩一笑："我知道了，这好解决。"

郭浩拿着配置单给polo男："师傅，我们有一款老式机，5900，不过我们库房没货了，我帮你问问别的厂家有没有。"

Polo男很感激。郭浩就拿起电话："喂，我是郭浩，你们那还有没有那个老款机型？什么？停产了？行，我知道了。"

郭浩把电话一挂，对polo男说："师傅，真不好意思，别的厂家也没有了。"

Polo男这下很纠结，又拿着配置单看了半天，郭浩说："师傅，这样吧，孩子上大学不能没有电脑，我把几个配件给换掉，换成一般的，性能也是可以的，保证不影响孩子上大学使用，鼠标键盘这些我去找点赠品送给你了，也算支持孩子上大学，折算下来6900，省一千块钱，你看行吗？"

其实换下的那几个配件，算算差价我们赚的远不止一千。Polo男犹豫了一会，看看孩子，说："行，太谢谢你们了。"

我们这个月的业绩考核就这么完成了。

那是在2000年，电脑行业的人应该都清楚，这笔买卖，我们至少赚了3000元，也可能还要多。我当时总谴责自己，虽然电脑行业的价格我没法掌控，水这么深不是凭我一己之力可以改变的，但这笔单子卖出去并非我愿，我跟郭浩就这个事吵了很久。

十五年过去了，如果现在再问我当年这笔单子怎么处理，我会说："卖给他。"

我跟郭浩之所以配合如此之契合，是因为我们俩分别具备了销售人员的两个必备品质：同理心和目标感。

（1）同理心是感受客户的能力，我之所以可以准确锁定客户，就是因为我知道客户的感受。客户的一举一动，说的每一句话，做出的每一个表情，我都能体会到客户内心的感觉，所以我和客户沟通非常顺畅，我能准确了解客户的需求并做出反应。同样的，我的同理心太强了，太强的同理心就会变成同情，当客户说出一个拒绝的理由，我往往就顺着客户的感受去感受，客户说没钱买，我会觉得既然没钱买那就算了吧，这是销售员的一大忌。

（2）目标感是销售员的专业核心，郭浩的目标感很强，他能深刻地认识到，销售，就是要把东西卖给客户，而用什么推销的方法，客户有什么问题，购买后可能对客户造成什么影响，这些都与销售员无关，他需要的就是在当时解决客户心理上的问题，然后将产品卖给他。所谓目标感就是企图心，他决定了销售的路能走多远。

（3）真正高超的销售，是同理心和目标感的统一，他既能感受到客户的每一个举动，又有明确的销售出产品的目标，这个目标不会因为同情客户而偏离，但也不会为了达成目标而不择手段。他可以照顾到客户的感受并让客户接受产品。

一则关于古希腊哲学家苏格拉底的小故事。曾经有一位年轻人跑去向他求教，年轻人感觉自己的生活陷入了绝境，无路可走，希望苏格拉底可以给他指出方向。

苏格拉底并没有直接回答他的问题，而是将他带到一条河边，然后趁其不备用力将他推到了河里。年轻人当时就慌了，但以为这是苏格拉底在跟他开玩笑，或者是有意考验他，所以并不在意，当他正要爬上岸时，苏格拉底突然跳了下来，并且死死地将他的脑袋往水里按。

年轻人呛了几口水，求生的本能令他拼命地反抗，他用尽全力将苏格拉底推开，然后爬到岸上。等到一切平静下来之后，年轻人不解地问苏格拉底这是为什么，苏格拉底说："我只想告诉你，做任何事都要有绝处求生的决心，只有如此才能有真正的收获。"

一名优秀的销售人员，就要像故事中被被苏格拉底按在河里的年轻人那样，表现出强烈的求生欲望，如果这个月无法完成业绩，就会被房东赶出去，就会露宿街头，甚至没钱吃饭。

只有在绝境中，才能激发一个人的潜能，对于销售人员更是如此，所以说企图心将决定销售人员职业生涯发展的高度。目标感太强的销售容易走向歪路，可能会不择手段地去推销，最终走上欺骗客户的道路，这是每一位销售员都应该注意并杜绝的。

销售无畏

5.销售员唯一的天赋——热爱销售

我经常和学员说一句话，"销售是会上瘾的。"卖出去一件产品后的快感不仅是获得佣金那种物质方面的满足，而是切切实实的成就感。

遇见卖牛奶的小姑娘之后，我跟郭浩的心态有了一百八十度的大转变，我们开始觉得销售这份工作非常有意思，开始研究怎么去吸引客户，开始研究销售的话术，开始研究各类销售技巧，买了无数本关于销售类的书籍。耿老板看我们最近的劲头很奇怪："你们俩小子最近中奖了？"

我们跟他说了准备到小区去推销电脑的想法，他大腿一拍："这是好想法啊！大学生就是有头脑。你们上次去的那个小区是农村拆迁进去的，属于安置房，有点钱，不过八成不懂电脑，所以没人理你们。我去准备下，明天带你们换个小区。"

第二天耿老板就开车带我们去了一个新小区，让我意想不到的是，就一天的功夫，他居然又去人力市场招了两个小伙子。

"光你们两个人跑肯定不行，效率太低。这小区三十多栋楼，你们分开跑，名片都送到位，有买电脑的肯定会联系我们。"

夏天很热，这个小区还都是六层高的楼房，没有电梯，一家一家去跑，的确是累死人。

客户积累跟资本积累一样，对于销售前期的意义非常重大，我跟郭浩觉得花点体力也值得，虽然要兼顾效率，但两个新人什么都不懂，我们就各自带一个去跑客户。我们的方法很土，从一栋楼的一楼开始跑，一家家敲门，介绍电脑，留名片，没人就换一家；到六楼后，再换一边敲门，介绍，留名片。跑完一栋楼后就休息会做记录，主要是根据客户的室内装修情况、年龄等来判断。

我们那会还没遇到什么同业竞争，所以也没考虑什么别的问题，只要把名片送到位，只要客户想买电脑，他只能到我们这来。

中午集合吃饭的时候，我和郭浩统计了下客户数量：郭浩五十八个，我三十二个。这小子跑起来的确腿脚快。我觉得两个新人跟我们跑了一上午，大概流程也明白了，就跟他们说下午大家分开跑，四个人的话效率更高一点。按我当时的推算，我和郭浩分两组，一上午大概有九十个客户，四个人分开跑的话，就算新人效率低一点，到晚上集合的时候我们至少也得有三百个客户。按照销售的"二八定律"，这三百个客户中有六十个会有意愿购买，有十二个客户最终会签单，这样每个人也能分到几单，一天下来能跑出这个成绩来还是不错的。

到晚上集合的时候，我们又统计了一次，我八十个，郭浩一百二十三个，下午我们单独跑的效率果然提高了；两个新人却出乎我的意料，一个人跑了六个，另一个跑了三个，我当时就火了："你们俩一下午就跑了这几个客户出来？"

他们说不敢开口跟客户说，很多客户才开门看到推销员就关门了，有的甚至门都不开，问一嗓子就要赶他们走。

"那你们两个怕什么，不管客户怎么样，名片得留给他们啊。"

一个新人挠了挠头，有点生气地说："我就是觉得好没面子。"

另一个新人也附和他："就是，我觉得好尴尬，老遭人白眼。"

果不其然，第二天他们俩就都辞职了。

当时我觉得这两人可能是胆子太小做不了这份工作，或者是吃不了苦。现在每年看着无数的新人从销售这个行业里进进出出，我发现了一点，有些销售人员有一种天赋，那就是"认可销售，发自内心地享受卖出东西的感觉。"

我曾经和一个在欧洲的朋友聊天，他告诉我他们那地方吸大麻是合法的，他说："每个人对毒品的反应不一样，就跟抽烟似的，有些人一抽就上瘾，一辈子都戒不掉；而有些人怎么抽都得不到快感。"

我觉得销售给人的快感可能就像抽烟，有的人很喜欢、很享受，有的人可能永远体会不到。比喻也许不算恰当，但是这个理儿。

认可销售并不是嘴上说说而已，必须要发自内心的热爱，销售员所有的自信都来自于此。我妈那一辈的人常常说："我们当年什么都不想，老老实实去做，现在什么都有了。你们现在的年轻人想这想那，到最后却安定不下来。"虽然是老一辈的观念，不过还是有一定道理的，我跟郭浩就是属于什么都不想的人，认为销售就是一份工作，考虑怎么做好就行。有过恐惧，但从没觉得丢人。现在我带新人，发现新人觉得销售丢人的，就把他们丢到市场上三天，甚至会安排个托从他那买东西，看看他能不能享受这种感觉，如果还觉得丢人，就赶走，有所改观的，就留下

销售人员一定要有三大认同：

（1）认同职业，销售不仅仅是推销，他是我们每个人无时无刻不在做的事情。面试是推销自己，追女朋友也是推销自己，这些都和销售一样，要考虑客户需求，是有技巧的。

（2）认同产品，有一些销售员的不自信来源于对产品的不自信，觉得产品不好。我认为，只要你的产品不会害人，你不骗不忽悠，那就能销售，市场上90%以上的商品都不是人们的生活必需品，可能对顾客一点作用都没有，但并不阻碍我们去销售给他。

（3）认同自己，每个人都是有个性的人，你的职业定义不了你，你在你的职业中做出的成就才能定义你。同样是做计算机软件的，有些人就

是个写代码的码农，有人却成为了比尔·盖茨。

如果以上三点都解决不了你的问题，你还是觉得销售很丢人。那我告诉你一个关于客户的秘密："没有人喜欢被推销，但是，所有人都喜欢购买。"

我敢拍着胸脯说，现在的销售行业里，有一半甚至更多的人，都不喜欢自己的职业。一家公司抱怨声最多的部门，往往来自销售部，而经常抱怨的人都是销售业绩非常差的，他们会以"自己不适合""不愿跟人打交道""不想出去跑客户"等等为借口。

发自内心热爱某一职业的确不容易，尤其在目前比较浮躁的社会背景下，很多人压根不知道自己喜欢什么，更别说理想、梦想了。每天都是"三点一线"的生活，工作也是混日子，这种情况下谈热爱工作实在很困难。

"日本保险女王"柴田和子，31岁之前一直在家当家庭主妇，对保险推销员很反感，一是因为当时保险业在日本的名声不好，都是寡妇、没有能力的人去做的；二是因为人们厌倦了隔三差五就会被保险推销员的上门推销"骚扰"。

然而，当她决定找工作的时候，正好有一家保险公司告诉她准备招聘一个类似会计的人员，她听说后就高高兴兴地去上班了。结果上班后，才发现面试时所说的都是骗局，保险公司压根不是招聘会计，而是招聘业务员。

像柴田和子这种情况，我身边的很多人都遇到过，他们在找工作时接到过很多保险公司的电话，说公司正在招人，很多职位空缺，有库房管理、内勤、财务等等，他们甚至在电话里还确认过，说如果是推销保险就算了，电话那头的人信誓旦旦地说，"绝不可能"。然而，每一次去到公司，最终招人的岗位都是保险推销员。看来，保险行业在各国的发展情况大同小异，都经历过一段迷茫的时期。

大多数人知道真相后，一般就直接辞职了，可是柴田和子觉得，既然到了这个地步，与其消极对待工作，不如积极去面对，她把这次受骗当成一次机会，结果一发不可收拾，竟然在短短几年内，成为了东京第一保险销售员。

　　认同一件事物就是如此简单，我的孩子才上初中，不喜欢英语，我就教他："你假装自己喜欢它，时间久了，你就真的喜欢它了。"对于销售，假装自己认可，时间久了，你也就真的认可了。

　　谁不想毕业后直接进大公司，进国企，甚至当大明星，从事光鲜亮丽的职业。那些都是梦想，虽然现在流行说，梦想还是要有的，万一实现了呢？然而，做人还是要现实一点，脚踏实地才可能成功。由于大多数学子对大学的专业存在盲目性，很多人糊里糊涂选择了自己根本不了解的专业，结果造成目前大多数人从事的职业都不是大学时所学的专业。

　　既然已成事实，吐槽也没有意思，很多人初入职场后都不喜欢自己的工作，但这并不妨碍他们日后渐渐爱上这份工作，甚至能够做得很好，柴田和子的故事就说明了这一点。因此，对于销售新人来说，既然选择了这份职业，先试试再说，不要遇到困难就退缩，不走几年弯路，你就不会意识到什么才是最适合自己的职业，如果盲目转行，很可能耽误更多的时间。

6.形象，自信的来源

如此大规模的扫楼、收集客户名单，并没有如耿老板预期的那样提升销售业绩，相反，我发现了一个奇怪的现象，似乎我们跑的客户越多，与我们再联系的客户就越少。耿老板只是把原因归结于我们不够勤奋，跑的客户量不够，他的理由还是销售界的绝对真理"二八定律"——80％的业绩出在20％的业务员身上，由此衍生，跑一百个客户，只有二十个会有购买意愿，而这二十人中，只有20％的人会签单。实际上，销售要真是这样的数学游戏那倒简单了，实际情况要复杂得多。

转机出现在我和郭浩的一次合作拜访之后。

那天，我们还是跟往常一样去一个新开发的小区扫楼发名片，那时候的小区似乎都是以六层楼居多，因为国家规定六层楼不用装电梯。长时间高强度扫楼让我和郭浩累得半死，好不容易互相扶着爬上六楼，敲开一道防盗门，我们俩表现得像机器人一样："你好，我们是电脑公司的，如果你需要配置电脑的话可以和我们联系。"一般情况下，我们都是这样发完名片就走了，客户也不会多说多问。这次却不同，开门的是一个年轻的女子，接过名片后她前后看了看，我们正打算走，她却把我们喊住了："我刚好想买台电脑放家里，你们带产品介绍了吗？进来坐坐跟我说说。"

别看做了这么久销售，对于陌生客户，我们也会感到尴尬，表现出扭捏的神态，尤其是郭浩，一举一动都很拘束，尤其在面对美女客户的时候，这种感觉更明显。然而，难得有人主动要我们介绍产品，这种难得的机会还是不能错过。

我们进了屋，发现这是一间婚房，刚刚装修不久，客厅电视墙上面挂着大幅的婚纱照，家里装潢有点日式的风格，淡黄色的木制家具，地板没有铺瓷砖，而是毛毯，踩起来很软。郭浩跟着我脱了鞋进来，我下意识地察觉到女主人皱了下眉头。

原来我们俩的脚实在是太臭了。

我跟郭浩都是单身，平时都住在宿舍，两个大大咧咧的男人从没注意过这些细节。突然来到这么干净的环境，才发现我们的脚臭那么突兀。这时气氛越来越尴尬，还好我反应快，简单介绍了几句之后赶紧起身，留下产品介绍便走了，如我所料，女主人连挽留我们的客套话都没说。

出了门我跟郭浩啥话都没说，要是搁以前我俩肯定哈哈大笑，但这次却是因为我们个人的原因白白放过一个单子。走出小区后，郭浩对我说："铁哥，你的脚真臭。"我说："回去换袜子。"

回到店里，财务的江姐看着我们笑："开单子啦？这么早回来。"我们把臭袜子的事跟她说了说，她问："你们俩都没谈恋爱吧。"我们说是的，她大笑："年轻人都这样，我老公跟我谈对象前，每天晚上连脚都不洗。"我和郭浩对视一眼，彼此心里都明白：脚还要天天洗？

江姐接着说："你看你们俩，就算年轻也要注意下个人形象吧。"

我不服，说："不就是脚臭吗，一天跑这么多路，肯定会臭啊。"

"我不是说这个，你们俩大学毕业，穿得还跟个高中生似的，一脸娃娃相，有多少客户会相信这么嫩的业务员？"

别说，江姐这句话还真说到了点子上，我看看郭浩，又看看自己，他穿着一套黄蓝相间的运动服；我穿着牛仔短裤，上身一件白色短袖T恤，胸口还印着只海绵宝宝。而且，我们都穿着白色运动鞋，原来这才是脚臭的根源。

"你们看看耿老板，虽然长得土，天天还穿个西装，怎么也像个人样。"

这时我们才恍然大悟,这么大热天耿老板还穿着西服,不是因为他不怕热,而是顾及个人形象。

回到宿舍,我翻出上大学时我爸给我的他当年穿过的西服,穿上衬衫,打好领带,换上皮鞋,照照镜子,突然觉得自己成熟了很多,那个稚嫩的大学生形象好像消失了。郭浩说:"铁哥,我没西服怎么办?"我让他找技术部的孟帅借一套蓝色的工人服,这样看起来像个技术工,我们还听了江姐的建议去买了竹炭纤维的袜子,说是可以防止脚臭。

就这样,换装之后我们又踏上了新的销售征程。出去跟客户作介绍的时候,我说自己是老板带着一个技术工人,或者郭浩说他是老板带着一个秘书。渐渐地,我们发现自己敲门时胆子大了,说话声音响亮了,整个人都有种焕然一新的感觉,其实,我们仅仅是换了身衣服换了双袜子。

在哪跌倒就要在哪爬起来,我们想到了那个刚结婚的姑娘,就算最后她不买电脑,也要让她看看我们的改变。现在看来,这是一个销售人员最基本的决心与自信。

我们轻车熟路地来到那个小区,爬上六楼,敲门,少妇开个门缝,我跟郭浩说:"您好,我们是上次前来拜访的电脑公司的人,这次专门来给您介绍我们的产品。"少妇跟受了惊一样:"我不买了。"然后啪的一声把门关上。看来脚臭的印象已经深深地留在了她的脑海里。

这对我们两个都是一次打击,让我们铭记于心,之后的销售生涯中再也没犯过类似的错误。现在我的包里有三样东西是必备品:餐巾纸、毛巾、鞋套。

销售人员的形象可以说是影响销售结果的第一要素,我们第一次接触客户和相亲一样,客户对我们产品的了解先是通过视觉、通过对销售员的观察得来的。据说曾经有一位销售文具的业务员,去拜访一家公司的老板,推销公司的文具,那位老板觉得这些文具价格很实惠,而且文具是他们公司日常经营的消耗品,用量很大,打算签单。可是当业务员站起来拿

销售无畏

样品展示的时候，老板发现这个业务员西装袖口的纽扣掉了一个，里面的衬衫有点发黄，黑色的皮鞋边上都是泥巴。

当业务员从包里乱七八糟地抓出一把文具散乱地放在老板桌上时，他的这次推销行为已经失败了，老板对他已经没有了任何好感。

都说不该以貌取人，但这就是赤裸裸的现实。作为销售人员，我们在销售产品时代表的不仅是自己，更代表了公司的形象，我们如果穿的很邋遢，客户怎么会相信我们产品的质量呢？

小时候，过年都会穿新衣服，记得那会可高兴了，整个人都很精神。销售也一样，在每次外出跑业务时，一张干净整洁的脸，配上笔挺的西服，不仅会给自己带来信心，更会赢得客户的好感。

销售人员并不一定非得西装革履，具体穿什么要根据你销售的产品和你将要会见的客户来决定，卖金融产品的你不能穿一身牛仔装扮，而和乡村企业家会面你也不必穿得太拘束。总之，根据会面对象、场合的不同，穿着也会不同。但有一点是确定的，无论你穿什么，整洁是最基本的。

良好的个人形象能够在很大程度上提升个人信心，而这种自信的感觉也能够轻易传递给你的客户，你的自信在某种程度上证明了产品的出色，从而更容易促成订单。

乔·吉拉德素有世界上最伟大的推销员之称，连续12年赢得"第一汽车销售员"的称号，平均每个工作日至少能卖掉5辆雪佛兰汽车，想知道这样神奇的销售大神级人物有什么秘诀吗？他在一次采访时说，"其实很简单，找出他们喜欢的销售员，加上一个好价钱。然后把两者结合起来，这笔生意就是你的了。"的确如此，有时候，人们已经确定了购买意向，唯一要找的就是一位看着顺眼的销售员。

我们这片儿有一个卖千层肉饼的小摊，虽说味道一般，但是分量足，管饱。按理说，吃食味道不好，那肯定卖不动，可是这个小摊每天的生意好得不得了，关键就因为这个小摊的老板是个大帅哥，长得有点像古天乐，很多女生都过来消费。这个"古天乐"不仅长得帅，嗓音还很有磁性，我甚至看见他随口一说："你的饼，拿好。"接过饼的小姑娘都会发出一阵尖叫。自从有人把他的照片传到了网上，慕名而来的人更是络绎不绝，有人甚至特地转几趟车过来，就为了看一看这个"古天乐"。

如何成为客户喜欢的推销员呢？心理学家西奥迪尼通过研究发现，个人形象是引起他人喜爱的首要因素。

看吧，如果你不是帅哥美女，那么至少让自己看上去整洁干净一点，不仅会给你带来信心，也会让你的销售业绩有所提升。

7.专业，销售的路才会宽广

爱迪生说：天才是百分之九十九的汗水，再加上百分之一的灵感。将这句话运用到销售行业中，更是无比灵验。百分之九十九的汗水是销售人员在技巧、话术、勤奋、平台等方面的努力，而那百分之一的灵感，说的则是专业性。

据说美国有从业人员曾经做过一项关于销售的研究，发现在销售和谈判过程中，专业知识的多少并不与销售业绩和谈判胜败成正比关系。相反的，越是专业的销售员，如果不懂销售技巧，单纯地与客户介绍产品的话，无论他多么专业，客户都会对他产生厌恶的感觉，原因很简单：客户听不懂他在说什么。

我和郭浩的专业跟销售一点都不沾边，我们一个学历史，一个学数学，真要说起来的话，我觉得郭浩应该比我更懂电脑。大学时代，网络游戏已经开始流行起来，可我们俩绝对算是同学中的奇葩，对电脑游戏毫无兴趣，所以大学几年读下来，除了计算机课，平时对电脑连碰都不碰。

来这上班之后，我跟郭浩发现学电脑并不困难，跟着孟帅和耿老板，我们迅速学会了红警和CS，虽然只是打游戏，但我们却感到很自满。由于对电脑没兴趣，所以没有深入研究，我跟郭浩只管卖电脑，修电脑找技术员。

不只是我们，耿老板对电脑也并不很精通，有一次我发现他连开机键和重启键都分不清。这样一来，更让我们毫无压力了。

可是，没过多久，就有客户给了我们一记重重的"耳光"。

我那天正在店里打CS，一个中年男人站到我后面，静静地看我玩了半小时，我也玩得专心，没注意到他，这时候他突然慢悠悠来了一句："拿AK的话前面几枪要点射，不然子弹会飘，你这么扫是打不到人的。"话没说完，我果然被警察打死了，放下鼠标，我问："师傅你专业人士啊，要买点什么？"

中年人回答说："随便看看。"然后就自己找了台样机去操作，这时店里就我和郭浩俩人，我也没跟他太紧，就让他先看看。

他在机子上点了半天，然后喊我："小兄弟，你过来下。"

我走过去，说："师傅您眼光真好，这台可是我们现在最新款的电脑，速度快，玩CS一点都不卡。"我想他CS这么专业，就以这个为切口导入销售。

他白了我一眼，说："这A卡玩CS要是卡倒奇怪了，不过这CPU都是去年年初生产的，现在也算不上什么新款了。"

一时间我不知道说什么好，连忙给一旁的郭浩打眼色，郭浩这时充分化身为"猪一般的队友"，他跑过来，跟中年人说："大叔，看上这款电脑了？这台可是我们现在最新款的电脑，速度快，家庭用很适合，不少人都买的这种，现在库存不多了。"

中年人没理郭浩，又换了一台机子，在键盘上敲起来，我感觉这个客户有戏，可是还没找到切入点，就过去问他："师傅，您想要什么样的电脑啊？"

中年人转身问我："你们这台机器硬盘多少转的？"我一愣，压根就没听明白，他又问："有没有哪款配置超频稳定点的？"我又没听懂，只好跟客户说："这台电脑是我们目前配置最好的了。"中年人看问不出所以然来，就走了。

不知为什么，他走了后我感觉很沮丧，就像考试不及格，被人嘲笑的感觉。

等孟帅回来，我问他："我们这台电脑硬盘多少转？有没有哪台电脑可以超频稳定的？"

孟帅一愣，说："你最近在学电脑了？超频都知道了？"

我说："超频是什么意思，今天有客户要这个。"

孟帅说："超频就是让电脑超负荷运转，本来这台机子只能发挥90分的性能，超频的话就是把它的潜能全部释放出来，可以发挥到120分的性能，不过这样也可能会过热，损害机器。要说稳定的话，我们那台高配机就可以，不过价格太高。"那是一台两万多的机器，耿老板说是镇店之宝。

"懂了，那还好，这么贵，那个客户应该也接受不了。"我自我安慰道。

孟帅一笑，说："这你就不知道了吧，懂超频的客户一般都是电脑发烧友，这两万多的机器对他们来说是小意思，你太不了解电脑发烧友的购买力了。"

我们在市场上，常常会遇到客户问出一些自己难以解答的问题。这并不是因为自己的销售技巧不行，而是客户对一个产品无论了解还是不了解，他们总能从一个你意想不到的角度问出一个很专业的问题，比如电器的维修和保养，食品的保存和烹饪，无论你卖什么，总能遇到这样的事，处理好了，单子就签下，处理不好，这单就会被一个比你更懂产品的业务员给抢走。而如今的销售界，尤其是个人对个人的营销，业务员对自身产品的了解微乎其微，正如前面所说，专业程度对销售业绩的影响不大，可是一旦遇到专业的客户，往往意味着失去了一位非常优质的客户，更意味着失去了一笔不菲的提成。

自此以后，我强迫自己学习电脑的硬件跟软件知识，只为应对那微乎其微的可能性。即使很难成为专业人士，我们也一定要尽可能多地了解自己所销售的产品，包括几点：

（1）公司对产品的包装，也就是产品的优势所在。为什么有这些优势，这些优势对客户有什么意义，这是我们必须了解清楚的。

（2）对手对我们产品的分析比较，会体现出产品的劣势所在。为什么有这些劣势，这些劣势是否明显到会影响客户的使用，在销售过程中客户是否会针对这些劣势发问，如果发问我该如何处理。

所谓知己知彼百战不殆，知彼要的是销售技巧，知己要的就是对自身产品的专业知识了。一个优秀的销售人员，不一定非得成为专家，但必须百分百了解自己所销售的产品，这样才能应对客户提出的各种专业性问题，做到有备无患。

这就是所谓的顾问式销售，越是专业的销售人员，就越能从客户的角度考虑，帮助客户解决问题。所谓销售，归根结底就是帮客户解决问题。

保险业有一个奇才，叫蹇宏，他就是把这种专业销售用到了极致，他在陌生拜访式销售中吃尽苦头，发现没什么效果，就决定去找大客户、大企业家营销，而他采用的方法就是顾问式销售。每次去见客户，他都会带着秘书，有时还不止一个秘书，据说他最多带过七个人的团队一起去见客户，每个人都有自己专攻的领域，客户看到这个架势，觉得这群人非常专业，的确是能帮自己解决问题，对蹇宏也就非常信任，对他的这种拜访非常重视。

时至今日，对于一名优秀销售人员的要求也在发生改变，专业性要求越来越高。你必须在销售过程中表现出一定的专业性，对于自己销售的产品十分了解。这样，客户在看到销售人员如此专业的表现之后，也就会放心购买了。

一次，我去星巴克买咖啡，等到咖啡做好之后，操作的店员突然对我说："不好意思，先生，您赶时间吗？这杯咖啡质量不合格，我要为您重做一杯。"我当时一头雾水，因为平时也不来这种地方，所以也没说什么，看着他把一杯价值28元的咖啡倒掉，然后重新制作。

说实话，我一直没想明白，问了问同事，他们也没遇见过这种情况。然而，店员的专业态度却让我很满意，我不知道咖啡哪里出了问题，可能即便是喝了"问题"咖啡，我也察觉不出有问题，但是遇到这样专业的店员，还是让我开了眼界，心里感到很满意，就连不怎么喝咖啡的我，也会隔三差五到星巴克体验一下这种专业性服务，然而却再也没有遇见过。后来我听说，可能是店员把我当成了暗访的店长，所以表现得如此专业。

也难怪，在国内很多销售人员都不太专业，这是整个行业的问题。我曾在一家商场买Nike运动鞋，上面写着防水，材质为PU，我不放心，所以问销售员："这鞋真能防水？效果怎么样？""不知道，可能会防水吧，管点用。"

还有一次，我去同行的店里转悠，故意问销售员一些专业的电脑知识，结果人家爱搭不理，令人无语。

且不说态度问题，一问三不知的回答，是不可能让顾客掏钱的。虽然说客户也不一定有多关心专业性的问题，很多人就是顺口一问，但是你没答出来，而其他销售员答出来了，那么"恭喜"你，这单被人抢走了。

干一行爱一行，爱一行专一行，卖什么吆喝什么，作为销售人员，天天推销同样的产品，最好还是花点心思在上面，尽可能多地了解相关知识，这样才能更出色。

8.客户的购买信号稍纵即逝

我在最近一次和郭浩聊天的时候问他："你觉得当时我们做销售，最困难的是什么？"郭浩想了会，说："除去心态这些因素，最难的应该是促成，很多时候感觉客户想买，但不好意思问客户要不要买，怕遭到拒绝；更多时候不知道客户想不想买，想等客户开口，就这样流失了很多潜在客户。"

我又问他："那你现在觉得销售中最简单的一步是什么？"郭浩笑着说："最简单的也是促成，寻找潜在客户、激发需求、异议处理等等，这些都可以靠实战慢慢积累。可是什么时候促成单子，真的靠的是长期锻炼的一种感觉。就跟做菜加调料一样，师父告诉你加少许，可这少许是多少，要失败很多次才能掌握。"

我印象中有三次失败的交易，都是因为自己当时把握不住客户的成交信号。

第一次是一个大妈，年纪比较大，来店里时说儿女在外地，想买台电脑跟儿女视频。其实这类客户很好促成，但是当时我们很烦这类客户，因为电脑这类新兴电子产品他们根本不会用，光是教他们开机关机就得花许多功夫，之后因为学习成本过高，他们往往都会放弃购买。白忙活！

大妈当时来店里的时候，看了半天，什么都不说，然后喊我过来，问："哪台电脑能视频聊天？"我告诉她只要家里装了宽带就可以，她不放心，我就问她有没有儿女的QQ号，她说有。

"有就好办，我给你演示一下。"结果大妈自己没有QQ号，我又帮她注册了一个，这时候我心里就嘀咕了，这个客户感觉很悬，别忙活半天最后又不买。测试的时候，她女儿不在线，就她儿子在，她儿子接了视频后说让他妈就买这个，钱到时再打给她，然后就下线了。大妈很高兴，用鼠标和键盘尝试各种操作，一会问："这个打字怎么打？"我说用拼音就行，如果不会拼音我们还有手写板。一会又问："能不能说话？"我说有话筒，可以说话。

大妈问完这问那，最后实在没有问题了，就看着屏幕发呆，我在一旁急得慌，心里想：你到底买不买，买的话就说个话啊。大妈沉默了一会，终于说了一句："我还是等我儿子回来帮我买吧。"不出我所料，果然是这个结果。

这个案例是很典型的错过了促成时机，我们都知道越是嫌客越是买客，这个大妈问了一堆问题，我都给她解决之后，其实就应该当场促成签单，可我因为烦躁，一直等客户自己开口，就这样白白浪费了一单。促成要点就是，千万不要等客户开口说购买，绝大多数客户都不会主动开口，当客户问一堆关于产品的问题时，其实就代表他们想购买了。

第二次是一对小夫妻，年纪不大，不过好像都不太懂电脑，来店里后刚好赶上孟帅在前台调试机器，就问孟帅有没有屏幕大一点的电脑，可以当成电视看。那时候电脑屏幕都不算太大，比电视最大的优势就是上网看电影方便，孟帅就随便指了一台中档机，郭浩带着小夫妻去试试机器，女的先是看造型，说挺好看，和家里装潢很配；男的看了屏幕，说大小刚好。两个人把电脑的每个部件都研究了一遍，我在一旁想：关键要看配置，你们这么看有什么用。

小夫妻看了半天，对这台电脑还比较满意，就让郭浩放放电影看看效果，郭浩就给她放了，也没问她什么；然后男的说自己会打CS，能不能测试下，郭浩就又打开CS让他玩。整个过程中，郭浩都没有问他们对这台电脑的感觉如何，小夫妻测试完后，没开口说买，郭浩以为是他们嫌价格高，就说我们这还有一款别的款式，小夫妻又去看了其他电脑，看到最后也没有购买。

这个案例中，郭浩误判了客户的购买信号。客户往往都有一个特点，除非他真想买，否则一般不会去试用产品，一旦客户开始试用，无论是主动还是被动，作为销售人员都应该去询问客户的感受并努力促成交易。但郭浩错误地判断了客户的购买信号，认为对方嫌价格过高，结果损失了这一单。

第三次也是一对夫妻，要给孩子买生日礼物，看中了我们店的一款笔记本电脑，简单调试之后，女顾客突然问："买电脑送不送电脑桌？"我们台式机的电脑桌也是单独卖的，更别说笔记本了，我就告诉她这个不送的，需要单独购买。

女顾客又问："那鼠标键盘送吗？"实际鼠标键盘都是标配，只是我们为了赚取利润换了别的牌子搭售进去，因此客户不得不买。于是我告诉她也不送，需要买，附近所有卖电脑的都是这样。

女顾客表现出明显的不悦，问："那你们家没有什么活动吗？"

我心想要活动不还简单吗，就跟她说："现在购买送一个电脑包。"

"不能打折？"

我想这女的是不是买打折衣服买习惯了，哪有电脑还打折的，就说没有，结果这单子也黄了。

回想起来才意识到，当客户围绕着活动、价格、优惠开始交谈，那说明他已经很认真地在考虑成交问题了，这时候完全可以促成单子，而我当时并没有这种概念，从来没把这些问题当回事，以为是对方习惯性地寻求优惠罢了。

客户的购买信号就是如此，即便他很想买，但为了多获取一些利益，一般不会主动提出成交。

上面讲的就是三种典型的成交信号：

第一，对产品的使用、售后提出很多问题；

第二，试用产品，要求演示产品；

第三，询问产品的优惠政策。

这三种信号还有很多衍生形式，比如故意贬低产品，或是说同类产品有价格更低的，甚至还有说自己认识谁谁，可以要到打折，目的都是为了获取优惠。在实战中，如果无法准确判断客户的购买信号（尤其是很难分辨客户是真的没钱还是在还价），那么有一个很简单的做法，每当我们解决客户对产品的一个疑问时，我们就可以促成一次，促成时别等客户开口，别问客户买还是不买，而是采取更为主动的话术：我去给你开个单子。

9.创造需求，满足需求

2000年之前，电脑市场无论买家卖家都是内行，对各项配置参数都非常了解，不过那时候电脑还没有开始普及。之后，电脑开始走进千家万户，买家的水平也参差不齐，不懂行的人越来越多，就拿我和郭浩来说，对电脑一窍不通，竟然也能卖电脑。但与此同时，市场上的竞争压力越来越大，原先只有两家代理商，现在大家都看到利润了，各种品牌的代理商似乎一夜之间冒了出来，至少有三十多家。

好在耿老板有先见之明，入行早，生意也越做越大，才一年多，就从一间30平米的小商铺扩展到两层的销售中心，代理的品牌也不止原先的一家，而我跟郭浩也成为了公司的元老级员工。

孟帅已经成为技术部部长，不再是一个寡头司令。我们卖出去的电脑出现故障的话，都是他来处理，很多客户从别的地方买的电脑也会拿到我们这修，孟帅最让我佩服的不是技术，而是自信，他坚信自己的技术绝对比别人高出一筹，而且能够让大部分前来维修的客户更新升级。比如一个客户说电脑卡，一般修电脑的都会先查查毒什么的，孟帅就敢肯定这个客户不懂电脑，然后他会告诉客户这台电脑过时了，需要加个配件什么的，之后我跟郭浩就上场了。偶尔也会有客户说自己电脑的CPU是最新，内存多少多少，孟帅竟然能够通过篡改数据，让电脑卡得不行，我问孟帅："你不怕客户拿到别的地方修，发现你动了手脚吗？"孟帅说："咱们这地方能找到看得出我动过手脚的技术员，我立马洗手不干了。"

有些客户当时不愿意花钱升级，要么回家先试试，要么拿到别的地方看看，但是没过几天大部分客户都会再回来，乖乖掏钱升级电脑。只要客户一说"升级"，就又轮到我跟郭浩出场了。这就是典型的小病大修，虽然做法不地道，但这在当时，甚至现在依然是潜规则。这就叫做创造需求，满足需求。要不，你说顾客买电脑就为了玩CS，他得多长时间才需要更新换代啊，这还让不让商家生存了。

郭浩这一年多的变化是最让我吃惊的，原先挺木讷的小伙子，现在算练出来了，无论什么客户，他都能一顿神侃，从天南说到地北，无论最后买不买电脑，都混个脸熟。他说见客户就跟以前做数学题一样，看到疑难客户就兴奋。

2002年夏天的一个晚上，我跟郭浩、孟帅打算关门去吃烧烤，这时候来了一个四五十岁的阿姨，提着笔记本，说晚上看着电影，电脑突然就重启了，反复好几次了。实际上，这类问题很可能是由于天气太热导致电脑过热死机，很常见，清下灰就好了，甚至都不需要维修。可倒霉的阿姨遇到了孟帅，他又看到了销售的机会，想让阿姨换个风扇，他说："阿姨，你这个麻烦了，夏天温度高，老这样电脑会烧坏的，你看我们也下班了，这样吧，你先放这，我帮您检查下，明天你再过来拿，行吗？"

孟帅这伎俩我们见多了，也习惯了，就把电脑接下来去吃烧烤了。

第二天才到公司，孟帅一把把我抓过去："哇塞，捡到个宝，你看看昨晚那个大妈的电脑，×××处理器，×××配置，我们这地方都没有，这大妈绝对是个有钱人，可以好好地宰她一顿。"

我问："不是自动重启吗？夏天太热的原因吧？"

"一方面，她这风扇坏了，是真要换的，不过就几十块钱的事。我给她搞点东西，保证她每天晚上自动重启。"

有时候我觉得孟帅不去做传销真可惜了，不然现在也是百万身价，修电脑简直是埋没人才。虽然我从心里并不认同这种做法，但这一行就这样，我只管做好销售。

结果第二天那个阿姨一直没来，晚上郭浩问我："你打算怎么宰？"我说："孟帅说给她把屏幕灯管搞掉，然后给她重新换个灯管。"

第三天，孟帅把电脑做好手脚，还叮嘱阿姨："天气太热，开机时间不要太久。"

我问孟帅："这个要多少天？"

他说："不急，一个星期内她肯定回来。"

孟帅的手段先不提，我跟郭浩确实捞到了不少好处，但也一直对这种手段很鄙夷，现在回想起来，如果不考虑孟帅的手段问题，我觉得孟帅的方法真正体现了销售的核心之一：**客户需求**。

设想一下，如果你饿了，你会去买东西吃；你渴了，会去买水喝。这就是需求，饭馆、小卖店才有生存空间。这个比喻不是很恰当，吃喝是人类的基本需求，而孟帅给客户机器做手脚，其实就是在创造需求，而且是非常深入地挖掘需求。当然，对于销售人员来说，这种做法不值得推崇，真正优秀的销售人员，诚实是最基本的品德，靠这种小计俩发展下去，最多是变成一个精明的骗子。

孟帅这种"创造需求"的办法很拙劣，不过也蕴含着创造需求的几个必要点。

（1）客户大多不知道自己的需求是什么，或者对自己的需求非常模糊，需要销售人员的引导。一个人想吃东西，可能是饿了也可能是馋了，还可能是又饿又馋，走到面馆，看琳琅满目的食品，选择恐惧症都要犯，这时卖面的问他："你是爱吃汤面还是拌面，要辣还是不辣的？"他说汤面不辣，卖面的就做了一碗5块钱的青菜面。

（2）客户的需求可以深入挖掘，非常非常的深入。卖面的又问："你要宽面还是细面，荤的还是素的？"他说要细面荤的，卖面的就做了一碗10块钱的鸡丝面。

（3）每一次需求的满足都可以附带大量的附加值服务。卖面的继续说："这么晚了我看你饿了吧，要不要加个卤蛋加份肉？"他又同意了。卖面的又卖出去10块钱的肉。

（4）客户需求的根本在于满足快乐和防止痛苦。简单点说，客户买东西就是为了让自己爽或者是防止自己不爽。卖面的继续问："吃碗面喝碗绿豆汤吧，自己家做的。"他觉得好，喝了，一结账，共花掉30元。

最后果然不出孟帅所料，那位阿姨两天后就来店里说电脑屏幕黑了，孟帅立刻给她换了个灯管。

对于销售人员来说，需求是个伪命题，可以说，不同的销售行业，对待需求的看法是不一样的。有些行业，例如保险业、金融业、保健品业等等，客户需求是由销售发掘、激发、创造出来的；而有些行业，如食品业、服装业、快消品业，客户需求是自发的。

这就导致对待客户的两种态度，一是认为销售技巧非常重要，尤其在挖掘客户需求方面；二是认为销售技巧都是忽悠人的，关键是创造产品去满足客户需求。这也是销售和营销的区别之一。

作为销售人员，我们在战略上应该把所有客户都当作潜在客户，去创造需求，而在战术上，要去甄别筛选客户，一个客户如果真的没有近视，那把近视眼镜卖给他是费力不讨好的。"把梳子卖给和尚""把斧子卖给美国总统"都是励志故事，最多只能起到激励作用。

10.入行选择，销售需要发展平台

虽然耿老板的生意越做越大，我和郭浩的业绩也越来越好，可是我们的收入却越来越低。

与刚入行时懵懵懂懂的我们不同，现在我们对电脑销售这个行业的水有多深了解得一清二楚，尤其是在孟帅那种小病大修的销售方法熏染下，我觉得这个行业肯定做不久，至少我不能这样继续下去。

当市场被我们一家电脑代理垄断时，我们拥有产品的定价权，很多配件的利润都能做到200%甚至更高，而附近两家代理似乎都跟我们商量好了一样，也是这个价，绝对没人捅破这层纱。

让我决定要走的，一方面是因为网络的普及，竞争越来越大。虽然电脑用户的水平参差不齐，懂专业知识的客户不多，可是他们对价格的了解越来越多，可以说，任何一款型号的机器，他们随时都可以去网上查好价格，然后比价，再决定在哪购买。实体店唯一的优势就只剩下能够让客户亲身体验产品了，而电脑产品又不像衣服一样需要个人搭配，里面配置基本都差不多，很多客户来试一试之后，回去就在网上购买了，这就导致销量持续走低，而我跟郭浩的收入也大幅缩水。

另一方面让我决定要走的，是我发现电脑销售这个行业越来越不需要销售人员，在价格绝对的透明之后，客户来比一比价，看看赠品和优惠，然后就会决定在哪购买了。我和郭浩研习了两年的销售技巧越来越派不上用场，我们逐渐沦为了店员，客户来了，接待，看产品，报价格，因为价格基本都是厂商定好的，我们实体店因为有租金、人员工资等压力，再怎么让利也竞争不过网络渠道。

孟帅的日子也不好过，市场会教育客户，一些商家欺骗客户的行为被曝光的频率越来越高，孟帅"创造需求"的伎俩也无从发挥，最后还是老老实实去做个技术员。

耿老板的店就如同昙花一现，盛极一时之后便迅速萎靡。2002年7月12日，我记得清清楚楚，耿老板把我们几个喊过来，说："你们四个人也跟了我不少时间了，今天我也坦白了跟大家说，财务人员也知道，我们的店实在是撑不下去了，这也不怪你们，主要责任在我。"

我们都不说话，其实心里也知道这一天迟早是要来的。耿老板说："我最后给你们发一次工资，加上奖金，明天我们就各奔东西，以后有要我帮忙的，能帮上我一定帮。"耿老板说得有些激动，我们四个也觉得这两年的感情很不容易，晚上吃了顿散伙饭，都喝多了。我和郭浩的第一份销售工作就这样结束了。

记得有一位香港老总跟我们说过：唯一能当老板的只有两种人，一个是销售，一个是财务。因为一个有渠道，一个会算账。做销售没错，选错了销售平台则可能毁了自己的职业生涯。在房地产行业火爆的那几年，我一个朋友去当房产经纪人，一年下来光佣金就拿了不下百万，我知道销售业的二八定律是死的，像他这样赚得多的肯定是少数，还有更多的人是赚不到钱的。他告诉我，同样是他们开发商的楼盘，他所销售的区域地段好，价格高，来看房买房的都是经济实力非常好的客户，素质又好，洽谈很容易，他出差住五星酒店，来回飞机票报销，在他看来，卖房子是一件很简单的事情；但是同期的另一块楼盘，地段偏僻，价格虽然不是特别的高，但来看房子的人却很难沟通，客户对价格非常挑剔，如果购买后发现降价了又会来吵闹退钱，他们的销售人员每天都要打电话邀约客户，工作很累，结果所有人加起来还没他一个人的销售业绩好。

平台不同，收入不同。一个好平台，也许你不需要付出多大的努力，就会拿到不错的收入，就像那个地段好的楼盘，销售人员有什么特别牛的销售技巧吗，没有！人脉资源丰富，认识达官显贵？也没有！在我看，他就是运气好，找了一个好平台。

平台决定了你能跳多高，作为销售新人，选择哪个行业，第一条就是看该领域中销售人员到底在成交过程中起多大作用。举例来说，客户买盒酸奶基本不需要销售人员，顶多是雇几个促销员做做品尝，因为不需要什么专业知识，买不买，尝一尝就能决定；而客户买理财产品，就需要具备专业知识的人员去引导介绍。

作为销售新人，特别要避免的就是去那些已经发展成熟，只要进行价格战的行业。很多刚入行的新人都问过我类似问题："客户让我带个样品去看看，我带过去后，客户看完就让我走了，有时候能签单有时候不能，我好像什么都没做。"发生这类情况，说明在你所处的行业里，销售人员仅仅是个跑腿的苦力，毫无发展前途。

另一条就是看你所销售的产品到底能解决客户多大的问题，是只要能用就行，还是有特别专业的需求。比如很多公司采购办公用品，这对公司来说是必需品，但并不是关系到公司运营的核心问题，只要质量差不多，他们肯定会选最便宜的。整个行业都是如此的话，新人在这既得不到销售技能的提升，也没有进一步发展的空间。而计算机软件、工业品的销售，客户对产品的要求很高，需要解决的问题可能直接关系到整个企业的运作效率，这类行业是销售人员应该首先考虑的。

如果你想在销售这行大有作为，那么选择平台非常重要，除了上面说的，还有一些经验可以参考：

（1）行业趋势。俗话说：方向不对，努力白费。选择行业同样如此，如果你选择了金融行业，那么最次也是一个柜员，要知道在北京，一个招行柜员一年下来的收入就能达到20万，工行、中行、建行，营销稍微好点的，几十万也是有的；然而如果你选择了餐饮行业，那么除非你能做到高层或者干脆自己开饭馆，要不然薪水一定不乐观。所以说，选择趋势性行业很重要。所谓趋势性行业，也就是在可以预期的未来，会有更大的潜在市场，更多的潜在顾客。这就要求你有很强的前瞻性，比如今天的互联网，如果你在十年前预测到它的火爆程度而入行，现在你的日子一定不错。

（2）升值空间。不见得大公司的发展就比小公司好，有些大公司的产品已经打出了品牌，你去做销售发展空间不大，因为客户都是冲着品牌来的，而初创企业反而不错，就像我之前卖电脑一样，虽然工钱少，但是学到了不少东西，也让我成功进入了销售这一行。

（3）公司状况。企业的性质、前景、规模、是否提供更多的培训机会等等，这些都是要事先了解清楚的。作为销售新人，或者说对于所有初入职场的新人来说，薪水绝对不应该放在第一位，眼光要长远一些，能学到多少东西，结识多少人脉才是最重要的。

兼职记
PART 2

1.把握与客户间信息不对称的问题

离开耿老板的店后，我和郭浩又开始重新找工作，大多数时间都是在家里或者街上转悠，然后投简历和面试，郭浩说我们这么闲着不行，要不去找个兼职做做。这时候我们身上的钱的确不多了，就去网上找了个促销的兼职。

销售做久了，卖什么东西都有感觉，卖出东西的成就感是会上瘾的，我跟郭浩也坚定了一直从事销售工作的念头，只是这次我们俩分开行动了。

因为不愿在兼职上花费太多时间，我随便打了几个电话，一家挺大的洗发水公司要招聘超市促销，一来不费时间，二来中午管饭，三来只拿提成，想来就来想走就走，我觉得挺适合我，就去和他们招聘的人事专员见了个面。

面试过程很简单，谈了一下之后下午就入职干活了，此次招聘了二十多个人，有还没毕业的大学生，有超市站班的老大妈，面试的主管带着我们去参加公司的岗前培训。我做电脑销售两年，正规的培训也只有耿老板给我上过的一堂课，剩下的都是靠自己看书，靠实战经验积累而来的，这次我才知道，原来销售这行也是有正规培训的，于是带着兴奋的心情前去听课。

培训的地点在一个酒店，中午自助餐吃得不错，我想这个兼职做得还挺值的。培训老师先是简单介绍了公司状况，讲解了公司的产品，还教给我们一些销售话术，基本都是我以前知道的，没有什么亮点，然后他问了一个问题：

"如果客户来看洗发水，问我们最便宜的是哪款，那么这个客户的需求是什么，如何推销产品？"

一个大学生答："这客户看重价格，对产品没什么挑剔，可以用打折的话术或者赠送礼品。"

培训老师点点头，又问："如果客户说自己头皮屑多，想要去屑效果好的，如何向他推销？"

有个老大妈接过话筒，说："客户关注头屑和头发健康，可以给他宣传我们产品的去屑效果。"

"如果客户来了就说自己一直用的海飞丝，这次还是要买海飞丝，这个客户的需求是什么，如何推销。"

下面几个人有说打折的，有说送礼品促销的，我接过话筒说："这个客户看重品牌，不是我们的目标客户，除非他还有别的需求可以挖掘，否则很难把我们的品牌卖给他。"

"说的不错，这样的客户我们需要花费非常大的精力才能沟通，但是每个客户的需求并不是单一的，他可能既看重品牌又看重去屑，这样我们就有机会让他购买我们的产品。现在又来了一个客户，他说自己的头发很油，需要去油的，而且他还知道洗发水最好是三个月换一个种类，上次买的是我们的牌子，这次想换别的牌子。这样的客户我们怎么向他推销？"

没人说话了，培训老师接着说："如果又来一个客户，他说自己就是洗发水公司的，专门做洗发水的，市场上每个牌子什么成分、什么效果、价格如何他都清清楚楚，他明确地告诉你，现在性价比最高的是哪款洗发水，然后就要去买这个，这样的客户我们怎么推销？"

下面有人嘀咕："这种客户没法卖给他吧。"

"说得对，没法卖给他，不论是哪种销售行业，我们和客户都是处于一种信息不对称的状态，你不知道他口袋里有多少钱，不知道他到底想要什么；同样的，他也不知道我们的产品效果究竟如何，不知道我们的成本是多少，所以，我们的价值就体现在这，如何让客户认同我们的产品，并卖给他，都是靠我们销售人员。"

参加培训的人都跃跃欲试，非常兴奋，我却如同醍醐灌顶，猛然间明白了一件事——为什么耿老板的店会死。

市场信息不对称的确是企业利润的一大杠杆，信息越是不对称，企业往往对市场就越有垄断权，单件产品的利润也会越高，比如通信业；而信息越透明，客户对产品了解的越多，单件产品的利润就越低，企业往往需要走薄利多销的路子。道理很简单，菜市场只有一家卖白菜的，他可以随意开价，可是如果有两家，他就要收敛不少，物价局再来个价格公示，他就没法虚报价格。耿老板的店就是死在客户知道得太多了。

清楚了这一点，我们在销售中就很方便对客户进行分类，我从来不按客户性格来分类，人的性格变化太多，多少年的朋友都不一定了解，我们难道见几次面就能摸透一个陌生人吗？别忘了信息不对称不只是客户不了解我们，我们也不了解他！

我的分类方法就是：根据市场同业竞争情况和客户对产品的了解程度，判断双方的信息不对称，然后进行销售计划。

（1）**客户完全不了解产品。**此类客户往往因为突然的一个需求或者别的什么契机了解到产品，然后前来咨询。因为以前从来没买过，也不了解产品的质量，所以他们关注最多的是产品的性价比。我在孩子刚出生的时候去买婴幼儿用品，就遇到过这样的情况。此前，我和夫人都没买过此类产品，比如尿布、摇篮车等等，我知道现在奶粉价格高得离谱，没想到一袋尿布也要上百块，这让我很难理解，我记得小时候好像都是用旧衣服当尿布，这东西为什么能卖这么贵？后来又跑了几家婴幼儿用品店，发现价格都差不多，无奈之下，只好接受了这个现实。

对于这类客户，我们首先要解决的就是信任问题，毕竟是第一次购买，客户很担心是否会被宰被骗。如果你销售的产品只此一家，那无所谓，客户真要买的话也跑不掉；如果不是，那我们就需要准备好同业的产品介绍和比较，突出自己的优势和价格的合理性。

　　（2）第二类客户是使用过产品，对价格和质量有一定了解。这类客户是最多的，也是我们销售中的主要攻关对象，他们因为长期使用一款产品，对新产品的接受度可能有限，所以关注最多的是产品的功能。我在买过几次纸尿布之后，就知道了这东西的好处在哪，要经得起小孩夜尿，吸附性好又干燥，这样的话我通过几次比对，就确定了哪家的产品更适合。

　　对于这类客户，他们容易自以为是，但实际情况是他们往往不知道自己的实际需求是什么，也不知道产品最大的价值体现在什么地方，我们需要做的就是强调产品的主要功能，以及帮助客户分析具体需求。

　　（3）第三类客户就是完全内行，对产品非常了解，甚至比销售人员还清楚。这类客户在很多产品的销售中是完全可以排除，当作非目标客户，而且这类客户在购买时，往往也最理性。

　　对于这类客户，只有两种办法，一是拿出超出他原有概念的产品，我有个同学在学校时就是手机发烧友，对于诺基亚手机研究得非常透彻，什么型号、价格、功能都能背出来，我们买手机的时候都会找他推荐，自称是"诺粉"，手机坏了他也能修。然而当iPhone出来之后，他再也不用诺基亚了。

　　还有一种办法就是把他变得感性，我们常看到一些广告都觉得莫名其妙，比如"飘柔洗发水"的拉小提琴广告，故事让我们很专注，直到看完才知道居然是洗发水广告，而广告的内容似乎跟洗发水也没什么关系，可飘柔就是把这种奋斗精神融入了自己的产品中，引起客户的共鸣而去购买，这时候客户买的就不是产品，而是情怀了。

　　市场上比较典型的信息不对称的销售案例，非脑白金莫属，十几年的广告推送，都在给消费者灌输一个概念，叫做"脑白金体"，据说是有改善睡眠、润肠通便的功效。

对于绝大多数消费者来说，一个专业的术语是难以理解的，所以消费者多会去关注这个产品的效果，而比较少关注产品本身是什么。史玉柱非常了解消费者的这种心理，所以创造出了"脑白金体"这样一个概念，既强调改善睡眠、润肠通便的功效，又和自己的品牌挂钩，可以说是将信息不对称营销运用得完美无缺了。

可惜的是，"脑白金体"根本就不存在，完全是杜撰出的一个概念，随着市场的信息越来越通畅，这个问题迟早会被揭发出来，这种信息不对称的营销就会面临危机。

销售无畏

2.不了解市场，做不好销售

最近看到一个老汉创业卖报纸的故事。

在一个车站有一个看报摊的老汉，精神不错，整天笑呵呵的，估计报摊生意不错。一天，x先生在他的报摊上买了份杂志，边等车边和他闲聊起来。

"老伯，生意还行吧！""嗯，凑合吧，过得去！"

"我就在这附近上班，每天看您挺忙活，猜想您生意肯定不错！"

"呵呵，反正养家基本没问题！别看我是个卖报的，我闺女读的是重点大学，学费很贵哩！"

"哟，您还真厉害啊！"

"呵呵，反正一个月能挣个4000元左右，够花了！"……

就这样，x先生跟老伯聊了起来，他了解到，老伯原本是一位下岗工人，迫于生计开始卖报挣钱。（制定工作目标）

经过长时间的选址，确定了在车站周边卖报，因为这里人流量比较大。（经初步市场分析，选择终端销售点）

但是，经过几天蹲点之后发现，车站周边已经有两个报摊了。（营销环境论证）

其中一个在这里很长时间了，另一个好像跟车站一位驾驶员是熟人。（对竞争对手进行初步分析）

如果贸然进场卖报，百分之九十的概率会被人家赶出来，于是老伯准备走走人情，他选择从车站管理人员下手。（制定公关策略）

老伯没事就找管理员闲聊，坚持每天给他送一份报纸，一来二去混了个脸熟。之后，老伯开始用苦肉计，说下岗之后的生活多么辛苦，在附近卖报的销量也不好，家里的负担越来越大……（博取公关对象的同情）

人心都是肉长的，老汉的这一招果然有用，很快车站管理员就同意他进站卖报了。目的达到之后，老伯仍然不忘每天给管理员送报纸。（公共关系维护）

虽然成功进场，但竞争压力一点不小，附近一共有了三个卖报人，每天卖的都是同样的报纸，要如何击败竞争对手呢？（营销策略分析）

老伯注意到另外两人都在车站的一左一右设置了报摊，而他则想到了更为灵活的方式，不摆摊（降低成本），而是带报纸到等车的人群中和车厢内售卖。（差异化营销，渠道创新，变店铺销售为直销）

一段时间之后，老伯总结出一些门道，比如年轻人更喜欢买报纸、车厢内有座位的人更喜欢买报纸等等。（销售数据分析）

后来，老伯在宣传手法上推陈出新，不再吆喝报纸的名字：快报、晨报……而是捡重点新闻来念：汤山投毒案告破、一个女检查长的堕落、非典疫情新进展等等，专找热点新闻，娱乐新闻宣传。（对产品进行分析）

果然，老伯的宣传手段很有效，听他这么一吆喝，似乎激起了人们的好奇心，很多本来没打算买报纸的人也纷纷掏钱。一段时间之后，老伯发现收入比之前增加了40%。（销量激增）

不仅如此，老伯凭借与车站管理员的良好关系，让同样下岗在家的老伴也在车站摆了一个早点摊。（开发新业务）

老伯做了半年之后，成功挤走了车站旁边的一家报摊。（市场竞争胜出）

对手退出了，老伯自然接下了这个报摊，从此不用再辛苦做游商了。

销售无畏

因为客户积累，老伯不怕生意不好。（品牌效应初见成效）

有了地方，老伯开始增加品种，从单一的卖报纸发展到卖杂志、饮料、香烟。（产品线延伸）

老伯的脑子很灵活，经常会搞一些优惠活动，比如买一份杂志送一份报纸，用畅销杂志带动滞销报纸。此外，由于女儿勤工俭学，平时会到肯德基、麦当劳这类快餐店打工，经常有优惠券，老伯都会用上，将它们夹在报纸、杂志中。（促销策略）

很快，老伯的报亭由于地理位置很好，被可口可乐公司看中，借助他的报刊亭进行宣传，老伯也能拿到一笔宣传费。

就这样一直做了两年，老伯生意做得有声有色，从之前几百元的收入做到了每月4000元以上。

看完这个故事，让我想起当年和郭浩做小买卖的经历。

我跟郭浩先后找了几份兼职工作都不尽人意，虽然看起来很轻松，但实际上占据的时间一点都不少，而且提成也不高。更主要的是，厂家的定价是固定的，我们没有浮动空间，而且只能在小区或者超市守株待兔，这可和我们俩的销售习惯不相符。

晚上吃饭的时候，郭浩对我说："铁哥，这么找工作也不是个事，不如我们自己开店当老板吧！"我也不是没想过，只是我生性自由，还没打算这么年轻就局限在一个小店里，况且开店的艰辛程度我很清楚。我问郭浩："我们俩又没有资金，更找不到投资，怎么做生意？"

郭浩吃完一个串，指指大排档旁边的一个手机贴膜的，说："我们就去批发市场搞点东西卖，能来钱，又不用给别人打工。"

我觉得这主意不差，问："那我们卖什么好？"

"这我哪知道，明天我们去批发市场看看。"

第二天我们租了个三轮车就出发了。

批发市场货品丰富，从日常洗化到体育用品，从衣服鞋子到家具玩具，琳琅满目不知道买什么好。毕竟我们刚工作没几年，思路不是很广，我跟郭浩说："这都快9月份了，大学生要开学了，学生的钱最好赚，我们就批发点学生用的东西吧。"

郭浩说："那最好卖的肯定是袜子，我们就先卖袜子吧。"

袜子批发价是一元一双，我记得曾经在地摊询过价，一般都是十元五双，利润翻倍，想到这里，我们就采购了五百块钱的袜子，当天晚上就去大学城摆地摊。

在没有前期调研的情况下，我们两个来到大学城，结果吓了我们一跳，整整一条步行街，密密麻麻的全是摆地摊的，光是卖袜子的就有六七家，而且都是大学生自己在卖，无论可信度与亲切感都比我们强得多。我对郭浩说："我们当年念书时还没这场景吧。"郭浩说："你不知道多少南方人来这上大学了，从小经商，精明得很哪。"

我们俩来得有点晚，推着车找了半天，才在一个没有路灯的地方找到块空地，车一停，摆一个十元五双的牌子，就等学生来买了。等了两个多小时，只有看的没有买的。郭浩问我："铁哥，是不是我们摆的地方不好，都没什么人。"我仔细观察了下，发现在这条街上闲逛的大部分都是情侣，即便买袜子也都是要那些有卡通图案的，而我们进的货只有黑色跟灰色两种，适合卖给男生。我心想这样肯定不行，比兼职还浪费时间，我们是来赚钱生活的。想到这，我把牌子一收，车一推，跟郭浩说："我们地点选的不好，走，换地方！"

说起摆地摊的日子，应该是我做这么多年销售最艰苦也是最有意思的一段时光了。相比从事过的其他销售工作，这份工作完全是自己经营，从进货到销售，所有环节都是自己做。在这段时间里，通过摆地摊学到的销售知识对我以后的销售生涯影响很大。

郭浩问我："铁哥，咱们去哪摆？"

我说："不急，先去踩踩点，不能想当然地找个地方就卖，容易吃亏。"

我们俩一晚上就在各条夜市步行街、商场转悠，我骑累了换郭浩，郭浩累了换我，生意虽小，我们俩倒是很认真。

我们研究半天，想想还是得先把这批袜子出手，先回笼资金再说，否则批发商不给退，这批袜子就砸手里了。商量了好几次，最终还是决定返回大学城，先把这批货卖掉再说。我们将目标客户定位为男学生，既然摆摊没有优势，就采取直销的方式，由于刚毕业没几年，我们换上了运动服，轻而易举地混进了校园，直接去宿舍推销。

我们运气不错，那所大学的宿舍楼并不上锁，只有一个学生兼职的管理员，我很轻松就混了进去，郭浩也没出什么问题，我直接上了顶楼，开始一间一间敲门，问："同学，需要袜子吗，十块钱五双。"

学生客户的素质比较高，对他们没什么销售技巧可言，完全是体力活，就看拜访量了，让我又找到当时扫楼卖电脑的感觉。一层三十间房，一间住六个人，我跑完四楼也就是一百八十个人，除去不在寝室的，我估计至少也跑了一百个学生。

结果让我非常失望，竟然一双袜子都没卖出去。得到的回答基本都是"不要""买过了"。

扫完楼我准备给郭浩打电话，还没拨号，他就打过来了："铁哥，见了鬼了，我跑了一层一百多号人，一个买的都没有，连看都不看。"我说我这边也是。郭浩问："那怎么办。"我说："先汇合，看看出了什么问题。"

我跟郭浩汇合后已经是十一点多，我说："可能是运气不好，刚才我们跑的是生物系的宿舍，学生大概比较爱干净，都有袜子。我们先去食堂吃个饭，好多年没吃过食堂了。"

我们找到食堂，去窗口要个红烧茄子和酸辣土豆丝，打饭的阿姨来一句："饭卡呢？"

我说："忘带了，能不能付现金。"

"不行，一卡通，现金不收。"

我跟郭浩又出来了，还得找地方吃饭，等会就有一大批学生下课，所以不能走远，我们就去超市随便买了两个面包，付钱的时候，收银员又问："卡呢？"

我一愣："不能付现金？"

收银员说："不行，一卡通，不能付，你们是这学校的学生吗？"

这时我才意识到，这里的大学生都是拿卡消费，很少用现金。想到这，我又去看看超市的袜子，十块钱六双，比我们的还便宜，怪不得不开张呢！

我们不能眼看着这批袜子砸在手里啊，于是狠了狠心，趁着学生下课，我把摊子摆在宿舍楼前的路口，郭浩负责把风，然后把牌子一改：十元八双。先回本才是当务之急！

这次"跳楼"式促销还是有点效果，短短半小时卖掉一百多双，但离我们的预期还差得远，这时郭浩突然跑过来，说："铁哥，快走，有校警来了。"我们俩迅速上车，骑出学校。

出来一统计，卖了近二百双，收了二百多块钱，还剩下一多半在手里。没法子，我们又折回批发市场，死皮赖脸问老板能不能退货，老板拗不过我们，一百块钱把三百双袜子退给他了。一算账，这笔买卖我们亏了二百块。

虽然亏了，我跟郭浩还是很高兴，因为感受到了做生意的乐趣。

虽然自己做生意要考虑的事情更多，但其核心还是在销售产品获得利润上。这次亏本让我认识到销售前的准备工作，尤其是市场调查有多么重要，如果早知道这个学校里有更便宜的袜子，我们也不会贸然进货了。

（1）销售前的市场调查是一个细分市场的过程，针对一个整体市

销售无畏

场，依据客户的需求、购买习惯和经济能力的不同，把它划分成由不同消费者群体构成的细分市场。

同样是卖袜子，我们只关注到需要便宜袜子的男生这一群体，是我们亏本的一个主要原因。在销售界有一个共识，那就是女人和孩子的钱最好赚，可当时我们不知道，从男生的角度出发思考问题，在选择客户群上就出了错误。后来通过观察，那些在地摊买袜子的女学生更多，而且袜子也更贵，她们希望选择卡通一点、花哨一点的，实际上批发价高不了多少，而卖给她们可能会五元一双、十元一双，因为女孩们都不差钱。

（2）调查同业的竞争情况，来大学城摆地摊之前，没想到会有这么多人在这里卖袜子，也不知道校园超市里有更便宜的袜子，导致我们在定价和销售策略上完全失误。在进入一个市场或是面访一个客户之前，我们必须知道同业的竞争情况。

（3）销售成败与否不是我们在销售前拍脑袋想当然，我们最大的错误在于自以为袜子的销量好，一次就进了五百双。实战销售中我们也会因为自己的感性对客户产生错误的判断，务必需要记住的是，一切销售决策来源于可靠依据。

3.定价不是以成本为基础

批发商之所以愿意给我们退掉那批袜子，是因为我们答应再进一批别的货，这次我和郭浩就很谨慎了。我们根据前期简单的市场调查，做出了一个分析表格：

地点	市场分析
大学城	周边竞争太激烈，袜子不好出手，需要踩点看好最佳销售时间。
银邦城	高档商业中心，来往的人购买力都比较强，门口不让摆摊，旁边有条步行街，步行街以小吃为主。
华泰大厦	老城区，老年人多，有大广场供休息，多是摆摊卖玩具的。
汉宫	夜场区，晚上十点后开始上人，一直到凌晨五六点才散场，只有卖宵夜的小摊。

我们已经判定大学城因为无现金交易的缘故，不太适合我们打入，而且还要应对校警。剩下的三个商业中心才是我们的目标。我们首先决定去的是银邦城，因为这个地方是高档商业区，步行街很适合摆摊，但这个地方的主要问题和大学城一样：竞争激烈。

其实批发市场能买的就那些东西，想在摆摊上做出差异化，那就得拿出一些批发市场没有的货品，否则竞争是必然的，袜子利润太薄，这次我们筛选半天，决定进一批懒人桌。

这种桌子可以放在床上用，当笔记本电脑桌也可以，而且每个桌子都有不同的图案花纹，看起来还算上点档次。更主要的是，这种桌子我们进货价就八块钱，定价十五也不算贵，如果能卖出去利润很高。

就这样，我们批了五十张桌子，晚上六点就来到银邦城步行街。

有了上一次失败的经验，这回我们特意提前过来选地方，银邦城四面都有入口，只有北门出来才到步行街，中间隔着一条马路，步行街的另一头通向高架桥，基本没人，这头则是一家鸭脖店，有不少客户，所以最好的地段就是门口这一块。到了之后发现好地方已经被几个服装摊占了，我们赶紧到他们后面摆摊占地方。

我跟郭浩把"十五一张桌子"的牌子支起来，又把几张桌子打开放在路边展示，他说："预估下今天能卖多少。"

我说："我们来回路费加上吃饭四十块钱，一张桌子赚七块钱，卖十张桌子今晚就赚回来了，我觉得没问题。"

"进价就八块钱，卖十五是不是太贵了。"

"十五哪里贵，忘了当时电脑内存条卖多少钱了吗？"

郭浩笑笑，突然问："不知道耿老板现在怎么样了？"

我们聊到耿老板，心生感慨，生意难做，所以必须更加努力。

事实证明我们俩还是太天真了，才把桌子摆好，几个男人就围了过来，问："谁让你们在这摆摊的？"

我来之前特地调查过，这地方除了市容建设文明检查之外，城管是不管的，这几个人肯定不是城管。我递上根烟："大哥，我们第一次来，不知道在哪摆，要是占错了地方我们马上让。"

带头的男的烟也没接，对着我吼："第几次来的也不让在这摆，快给我滚，不然我把你们摊子砸了！"

旁边其他摆摊的人也围过来看，带头的男人把我一推，一脚踢翻我们那张"十五一张桌子"的牌子，其他人也开始动手砸我们的车和桌子，我跟郭浩去拦他们，反而被两个人拖住，几个人按着我们俩打了一顿。

五十张桌子被砸得一点不剩，几个人砸完后，说："快点滚，这地方不让摆摊，来一次打一次！"

我跟郭浩爬起来，好在没受什么伤，脸肿了而已。我想这大概是占了别人的摊，这几个人可能是收保护费的，便拉着郭浩收拾收拾换地方。旁边一个卖烤红薯的阿姨看着我们俩，说："你们俩也真是的，卖什么不好，卖小桌子跟人家抢生意干嘛，这砸了多少。"

我跟郭浩收拾好，才发现那几个男人开了辆卡车，在路边也是卖小桌子，五十一张。

郭浩摸摸脸，说："真是一群流氓，进价八块卖五十，怎么不去抢。"

烤红薯的阿姨让我们快点走："别看啦，五十一张又不是没人买，能多赚钱干嘛不赚，快走快走，别又被打了。"

我骑着三轮车，郭浩坐在后面收拾几个断腿的桌子，骂到："真是倒霉，怎么这么不走运，卖个桌子还被人打。"

我笑着说："郭浩，你知道为啥我们俩被人打了吗？"

"抢了人家生意呗，他们人又多，要是他一个人，我非揍死他。"

我摇摇头："我们要是也卖五十一张，今天就没事了。"郭浩若有所思地点点头。

最近有一个朋友开了一家烤翅店，门面是自己家的，地段还可以，他烤翅卖三块一根，翅大肉多，他说算上水电原料人力成本一起，只要一块八，还能赚一块二，买的人很多，可是朋友总觉得利润没达到自己的要求。

我跟他讲了我们当年被打的故事，他眨眨眼睛问我："什么意思？"

我告诉他："你看你店旁边卖羊肉串的，他卖多少。"

"十块钱一串，我打赌就算加上房租，他的成本也不到三块钱。"

我笑着说："你管人家成本多少干嘛，他十块钱一串难道没人买吗？"

这就是我们销售人员在销售时常常会犯的一个错误，如果这个产品的价格是我们自己可以决定的，或者说你可以用你的提成来调控的，往往销售人员都会报给客户一个比成本价高一点的价格，一件产品卖一千元，你能提成二百，那你很可能给客户的价格就是在八百到一千之间，这是完全不可取的定价手段。

　　我从小就不喜欢逛街买衣服，没兴趣，嫌麻烦，所以我的衣服都是我妈帮我买好，以至于我对衣服的价格一直没有概念。结婚后，我老婆带我去买短袖衫，随便看到一件都要三四百，我就完全不能理解，认为这短袖的衣服最多几十块钱，可我老婆买衣服却不这么想，她看上一件衣服后，先看看价格，低于三百反而不考虑，她会觉得不上档次。

　　这就反应了客户在购买时对价格的看法，实际上大多数客户不清楚产品的成本是多少，以我来说，对衣服没兴趣，觉得它的价值不高，所以认为定价应该很低，而我老婆跟我刚好相反，女人嘛，觉得便宜货不上档次，穿不出去。实际上，服装的利润是很可观的，尤其是品牌服装，毛利率可达200%甚至更高。要不然人家Zara的老板奥特加怎么能超越巴菲特，以640亿美元的资产成为全球第三号超级富豪呢？

　　因此，我们在定价的时候，不能用成本为基础来定价，而是应该根据客户眼中的价值。比如说奢侈品，一个香奈儿、古奇这样的包包，动辄上万，你说它的成本有多高，但是买的人趋之若鹜，这就是品牌价值，它在客户眼中值这个价钱，多贵都有人愿意买。

　　写到这里，突然想到一个赌徒的故事，正好说明了这个道理：

　　在美国赌城拉斯维加斯的某个当铺，一个赌徒输得精光，为了筹钱翻本，竟然偷了朋友的照相机，跑到当铺换钱。

　　当铺老板是一位60多岁的女人，她正在把玩手中的珠宝，这时候那个小伙子进来了。

　　"夫人，您好！我想卖这台照相机。"

"150元。"

"这是全新的，几乎没怎么用过!"

"我已经有三台了，都是150元!"

"这是我花500元买的!"

"我只付150元!"

赌徒扫了一眼其他几台相机当品。

"你已经有三台照相机了，都是同款的?"

"没错!"显然这是当铺老板只给150元的原因。

"那么四台的话一定会更好卖!"

"把两台标同价，第三台标低一点，第四台标高点，想买相机的客人进来后，会猜最低价的质量不行，转而会考虑高价的，于是跟你讲价，也就是说，他上钩了!"赌徒非常认真地分析道。

"顾客通常不会买第三台，因为担心质量问题，于是他会考虑前两台，还会以为自己赚到了，因为还有一台更贵的，或者他比较追求品质而买第四台。如果他选第四台，你就告诉他，那台是全新的，顺便指出前两台也是全新的，唯一的差别是第四台附赠盒子，跟全新的一样，如果客户想要送人，就会选带盒子的，如果自己用，则会挑前两台相对便宜的。"

"你很会推销啊，小伙子!"当铺老板说道。

"所以你只要买我这台附盒子的相机，柜台里这三台的身价都会上涨!"

"你白天是做推销的吗?"她不得不佩服赌徒的推销技能。

"唯一的问题是……我那三台相机都有盒子!"

当铺老板一副得意的表情，看你还能怎么说。

赌徒自信地说道: "这样吧，你拿出盒子来，我的相机白送给你，要是你拿不出来就给我300元!"

"你很自信嘛!"

"你没有盒子，对吧?"

"我给你150元，外加50元表演费，最高价了!"

"成交。"

这就是定价，赌徒如果不考虑人力成本，成本基本可以认为是零，但他却非常了解定价策略，为店铺老板做了一番分析之后，多赚了50美元。故事中，赌徒讲的定价策略没错，他很了解客户心理，帮助店铺老板将照相机的身价抬了起来，同时也给自己偷来的相机提了点身价。

4.客户会砍价，销售会讨价

桌子没卖成，我们又回到批发市场，老板听了我们的遭遇，看着被打肿的脸，有点同情我们，就拿出几箱牙刷和牙膏捆绑在一起的套装给我们，说这是厂家的赠品，量不多，一箱二百套，大号的三箱，小号的两箱，看我们不容易，总共收了三百块钱，算是成本价卖给我们了。

货不算太好，但价格便宜，我们收下后想想也只能去华泰大厦卖给老大爷老大妈了。

因为上次的经验，我和郭浩对这个牙膏套装的定价思索很久，进价实在是太便宜了，不管怎么卖我们都有得赚。考虑到老人们的习惯，我们不去夜市而是赶起了早市。我跟郭浩一大早就赶到华泰大厦，有不少老人早上出来买菜晨练。

跟我在洗发水培训时学到的一样，我可以确定这里的客户对我们这个牙刷套装的实际价格并不了解，因为超市都是分开卖的，我们双方属于信息不对称。客户预估价格只能按以往的经验，这小套牙刷加上牙膏在超市至少要卖十五，大套牙刷加牙膏至少是三十以上。

而我跟郭浩准备把小套装定价三十，大套装定价五十。

这就是很有意思的一件事了，现在跟客户议标的话我都会用这个办法。那天我们到华泰大厦之后，发现已经有几个人在摆摊，其中有一个卖沐浴露的商家在搞促销活动，一套沐浴露是五十九块，我跟郭浩说："这是个机会，我们就去他们旁边卖，有人买了他们的就会看我们的。"

我们过去打了个招呼，就把摊子摆下了，对方也很高兴，说刚好客户买完洗浴露可以看看牙膏。最终我们把大套定价四十九，小套定价二十九，之所以这么定，我是考虑到如果客户来买沐浴露，他们的五十九块是不会变的，客户对这种牙刷牙膏套装没有价格概念，很可能就是凭沐浴露的价格来猜我们的价格，这样的话，我们价格只要在五十九附近，客户都会接受。我还跟他们学了个九字促销，四十九肯定比五十好卖，虽然只差一块钱，给客户的感受完全是两个档次价位的感觉。

关于以数字9结尾的定价，至今仍然非常流行，你在商场随处可见这样的定价。一项调查数据显示，大约30%到65%的零售价格都是以数字9结尾的。

芝加哥大学的埃里克·安德森和麻省理工的邓肯·西梅斯特曾经做过一项实验。他们找到一款定价为39美元的女装，剩下的产品定价为34美元和44美元。结果，定价为39美元的衣服比其他两种定价的女装卖得更好。也就是说，以数字9结尾的定价销量更高。

2002年，《福布斯》杂志得出结论，"九毛九连锁店"的毛利润达到了惊人的40%，比沃尔玛高两倍。

因为沐浴露促销的关系，很多买菜的大爷大妈路过时都会过来看看，虽然我们的商品都是明码标价，但是这些老大妈们还是让我感受到砍价的威力。

一个中年妇女，提着菜篮子去看沐浴露，随手摆弄几下后又到我们这边来，拿起个小套装问我："这个多少钱。"

我跟郭浩忙着接待其他人，就说："大的四十九，小的二十九。"

中年妇女把套装一丢，说："这么贵，这牙刷看起来质量不怎么样，都起毛了。"

虽然是赠品，不过怎么也是有品牌的东西，质量还是有保证的，我打开一盒递给她，说："阿姨你看一看，这牙刷用上半年没问题，半年肯定要换牙刷的。"

"你说没问题就没问题啦,你又不是超市,我买了晚上刷牙就断了,找谁去啊?"这女的嗓门还大,引得其他人都看着她。

我还真没想过买一把牙刷她还要计较这么多,就跟她说:"阿姨,你放心,我们做生意凭良心,你看这牌子又不是假冒伪劣,质量有保证的。"

阿姨还是不死心:"不行,你这小三轮推着卖的,谁知道你们明天还在不在,二十块我就要了。"说着她拿了一个大套的。

二十卖出去我是不亏本,不过对于销售来说,价格卖低了,就是亏本,而且旁边客户这么多,卖她二十后面所有人都要这个价了。我摆摆手,告诉她不卖。

客户砍价第一招:吹毛求疵,夸大问题

世上没有完美的商品,客户还价的第一招就是故意找产品的漏,买衣服说衣服起毛,买水果说水果不新鲜,有些问题是真的存在,有些不过是客户的小伎俩。面对此类客户,我们必须坚定自己的立场,用耐心慢慢跟客户磨,能谈到价格的客户那基本都是要买的客户,这些问题如果不是真存在的问题,都可以当作耳旁风。

但如果客户指出的是实际存在的问题,那就要开门见山地和客户谈判,降价或其他补偿措施在所难免。

客户觉得销售都是满嘴跑火车,实际上客户自己满嘴跑火车的更多。送走中年妇女,又来了一个大妈,拿着根茄子指着我跟郭浩,跟骂人似的喊:"这牙刷牙膏加起来也就十几块钱,你当我们傻啊。"

客户砍价第二招:出假价混淆视听

在我看来,这是不道德的砍价策略,除非客户对产品非常了解,不然是不会知道实际价格,对于此类客户,一律无视他们。我们摆摊时遇到这个情况还是比较好处理,这招对一些需要长期议价谈判的大宗交易上是比较狠的，会打乱原本的销售计划，这些事后面再说。

客户砍价第三招：一口价

除去这两种砍价方法外，客户的第三招就是一口价法，这类客户非常多，而且一口价法往往都是和上面两种砍价方法混在一起用，我们卖牙刷时，听到最多的砍价话术就是"我今天身上就带了二十块，就二十卖给我吧。""一口价，三十块一盒大的，多了我就不要了。"

对于客户用这种方法砍价，郭浩会装作一脸可怜的样，对客户说："姐，我们这都厂家直接发货的，收了钱还得交回去，少收你一块钱都得我们自己贴啊。"我们作为销售的心态就是：对客户要客气，对问题要强硬。我们的核心目标还是要把产品给卖出去，给客户一个"事实"，哪怕是编造的事实，也不能轻信客户的最后一口价。

5.包装产品，给客户最佳体验

广告界有一句名言，叫："我们不是欺骗，而是有选择地暴露。"

我们在推销产品时也是如此，展示给客户的往往都是产品的优点，也就是可以满足客户需求的那一部分；而剩下的缺点，是没必要告诉客户的，为什么不说，不是欺骗，而是如果如实告知客户的话，可能会打乱客户的决策。也就是说，可能会导致无法成交。

有一个卖柚子的小姑娘，她的柚子非常甜，美中不足的是这个柚子的皮很厚，但果肉并不少。有人来问小姑娘："这个柚子甜吗？"小姑娘很干脆地回答："特别甜。"客户就买了，回家后发现皮挺厚，有点觉得上当了，但是切开后发现果肉很多，于是很高兴，吃完之后又来买，成为小姑娘的回头客。

又有一个人来问小姑娘："柚子甜吗？"但这次小姑娘随口说道："甜，果肉多，不过皮厚。"这人一听"皮厚"，自然联想到不好吃，于是就走了。

这个案例中，小姑娘缺乏销售技巧，第一次回答符合消费者的心理预期，结果成单了；第二次回答，前半句"甜，果肉多"答的非常好，但后半句"不过皮厚"，将产品的缺点暴露了出来，虽然这是实话，但因为不符合消费者的心理预期，结果没能成单。

实际上，柚子的皮厚影响到客户体验了吗？没有，但是当客户在做决策时会被这些不相干的因素干扰。

世界上没有100%完美的产品，所以如何去包装自己的产品非常重要，有句话说的好：客户不是因为产品才购买，而是因为我们如何介绍产品而购买。

就连全世界炙手可热的iPhone手机，其性能可以说已经无出其右，这样的产品同样需要包装。各种创意无限的广告，都在宣传iPhone手机的强大功能，能给客户带来最佳消费体验。渐渐地，全世界似乎形成了一种观念，"您要是不用iPhone，那都不好意思出门。"

这就是产品包装的重要性，再好的产品也需要宣传，需要包装，难道iPhone就没有缺点吗？肯定有！但你在哪个广告片中看到过专门介绍缺点的内容？见到哪个销售员介绍产品时提它的缺陷？

接着讲我的故事，牙刷套装卖完之后，我跟郭浩尝到了甜头，又去批发商那进货。这类日常用品的附加值太低，完全是体力活，我们想找点能卖出差异的货品，于是进了一批有各种款式图案的搪瓷杯。摆地摊要想摆出档次来，就不能让客户觉得你这是地摊货，而是高档货没店铺只能拿地摊来卖。同样是一个星巴克的仿制杯子，在华泰广场我们只能卖十块，而在汉宫，我们就敢标价六十，这就是地段环境决定价格。我们在销售时与客户见面也是如此，你约在上岛咖啡，那这单子报价肯定不会低；你约在肯德基，那这笔交易的档次肯定也高不起来，所以我们决定拿这批杯子到汉宫去卖。

汉宫这里有不少夜场女，我一直没理解为什么这些小姑娘那么喜欢买卡通的杯子，即便没能猜透客户心理，但我们的生意一点不差。困难的地方在于，批发市场能便宜进的货肯定不是什么好货，我们进的这批杯子都是烧制有问题的劣质品，所有杯子的下半身都没烧上釉，漏出里面的金属层，不过外观上并不难看。

"这种烂货也可以卖？"郭浩问我。

我说："这就是卖点。"

敢收这批货，是因为我是想到了一个故事：一个农场主经营着一大片苹果园，到了苹果将要收获的时候，突然遭遇一场冰雹，树上的苹果经过这次天灾之后就没有留下好果子，全部都受了伤，本来新鲜好看的苹果就难卖了，这堆烂果子让农场主愁眉不展。

好在这个农场主很机灵，他拿起一个烂果子边吃边想，突然来了灵感。他跑到当地媒体去打广告，说自己农场的果子个个有疤而且面目丑陋，但却是纯正香甜的苹果，吃起来别有滋味，欢迎前来品尝。

广告发出后，很多人好奇这带疤的苹果到底是什么口味，纷纷前来品尝，吃起来味道果然不错，于是乎，这堆烂苹果很快销售一空。

烂苹果都能卖出去，没烧好的杯子为什么卖不出去，我只需要找到一个卖点。搪瓷与陶瓷杯子的不同在于，搪瓷杯子内胆是金属，外面烧了层釉，耐摔，我就打个牌子卖"摔不坏的陶瓷杯"。

摊子摆出去后，果然不少小姑娘来看，有小姑娘问："真的打不碎？"

我说："没问题，绝对打不碎。"

"正好，天天上班用那个玻璃杯子，我都打碎多少个了，这个什么材料的？"

我随手拿起个杯子给她，说："你摔摔看，摔坏了不要钱。"

夜场女就是霸气，接过来说："你确定？"我说确定。

她啪的一声就往地下一砸，旁边的人被吓了一跳。

经过这一摔，所有围观的人都开始掏钱购买，居然没人发现这个杯子的下半身是烧坏了的，还以为是这款杯子特殊的造型。

我们做销售，无时无刻不在和客户打交道，也无时无刻不在和产品打交道，如何介绍产品，是每个销售必须具备的基本功。保险之神原一平曾经遇见一位卖钢化玻璃的人，问他："为什么你的钢化玻璃卖得这么好？"那个人不说话，从包里掏出一块玻璃和一把锤子，使劲一砸，玻璃完好无损，然后他告诉原一平："每次见客户我都会随身带一块玻璃这样演示给他看，他们看到后认可了玻璃的质量就买了。"从此之后，钢化玻璃成了每个销售人员的随身必备品。原一平之后又遇到这个人，问："他们每个人都和你一样带了玻璃去演示，为什么还是你卖得最好？"这人回答："因为现在我不砸玻璃了，我让客户去砸。"

好的产品包装有两点必备，一是突出产品的功能特点和优势，这种优势可以是产品的质量体验，比如让客户砸钢化玻璃；也可以是包装出来的观念，比如上面那个"有疤的苹果更好吃"，客户很盲目很感性。

第二点就是走心，好的产品包装一定不会是简单的产品特点描述，就像好的广告不会介绍产品构成，而是直达人心的情感观念植入。

自我营销大师黄欢就说过这样一个故事，她曾经帮室友写"金日心源素"的广告词，室友的公司认为产品宣传应该直击消费者脑子的是产品的利益点和功效，于是选择了"金日心源素——保护心脑、抗拒老化"这样一句广告词，投放效果可想而知。而黄欢写的词是现在家喻户晓的那句"心好，一切都好"，这句话不仅暗示了产品的功效，还传递了关爱的情感，兼顾了礼品市场，这条广告，一放就放了十几年。

既然世界上没有完美的产品，那么作为销售人员，就不能太实诚，我这里说的是"实诚"，而不是"诚实"，无论做哪一行，诚实是一个人最基本的品德，必须时刻谨记。然而，如果一个销售人员过于实诚，那么他一定不是好销售，就像前面提到的卖柚子的小姑娘，本来柚子很好吃，偏要强调它的不足，结果没能成单，这又何必呢？

6.销售要聪明，别太精明

　　我有一次去某超市谈合作，因为超市太大，找不到办公室在哪，就问超市的工作人员，一个高高大大的胖子，一脸憨憨的笑，给人的感觉就是个挺憨厚的老实人。我问他："请问办公室怎么走。"

　　他转过身，指着楼梯对我说："你先走这楼梯下去，一直到底，然后抬头会看到一个星光电影院的牌子，牌子左边是一个通道，你从通道下去，走到半截的时候，会看到一个上坡，别上去，上坡旁边有个红色的小门，从这门里进去后是铁楼梯，上楼梯一直走到顶楼就能看到办公室的牌子。"

　　其实只是问个路，我却被这人打动得一塌糊涂，一般人指路都是说你往哪走，往哪拐，他却如此详细地给我讲解了一番。后来我发现有个同事也是这种憨憨的人，所有人都很信任他。我当时就觉得，老天真的赋予每个人一项特长，我如果长成那种憨憨的样子，销售生涯肯定完全不一样，因为憨厚老实的外表最容易让人信任。

　　之所以如此，我想可能是因为人和人之间的提防心理导致的，这样长相的人会让人觉得踏实，而大多数人对老实人都会放心。最近我遇到一个很"老实"的销售，我家的抽油烟机用了很多年，已经被油污堵得不成样子，我妈就打电话找了个维修工来清洗。

　　维修工下午骑着三轮车就来了，一个皮肤很黑，说话很少的年轻人，包里背着几瓶清洗液，车上放着以旧换新的牌子和一台未拆封的抽油烟机。因为做销售做久了，我对各行各业也有点了解，当时就感觉这个人一定是要推销的。而且，清洗抽油烟机时推销也是潜规则。

年轻人几下把抽油烟机给拆开，然后拿出里面的过滤网开始清洗，我妈在旁边看着，然后问他："这个抽油烟机用了好多年了，我小孩才初中时就买了，是不是要换新的了？"

年轻人继续洗着过滤网，抬起头憨憨地笑，说："不用。"

我妈又问："这个过滤网是不是要换新的，我看好多家都换了。"

年轻人还是笑着说："不用。"

洗完之后，年轻人擦擦手，说："五十块。"

我妈天天买菜，本能地还价："四十。"

年轻人憨憨地笑着，因为皮肤黑，显得牙齿很白，说："行。"

接过钱，年轻人收拾东西就打算走，我妈把他一拦，说："你刚才洗抽油烟机用的水是什么，卖给我点。"

年轻人说："好。"然后就拿了一瓶递给我妈，"五十块一瓶。"

我妈说："一瓶少了，你再给我拿两瓶。"

就这样，年轻人一句推销的话都没说，我妈就买了他三瓶洗油剂。

年轻人走后，我问为啥要买这个，都洗过了又没什么用。

我妈说："这个小伙子看着老实，买他的肯定没错。"

我想老实人就是可以让客户信任，精明的销售往往做不大，聪明才是最关键的。

我一开始的推测错了，小伙子没有推销，是我妈上赶着让人家成单的。后来，我也找过几次清洗抽油烟机的，几乎所有人都会让我更换零件，比如过滤网、排油管等等，甚至在我特意强调"什么都不换，就清洗"之后，清洗人员竟然能把排油管给我拽坏了，逼着我花钱。虽说是潜规则，但这种类似"强行推销"的方法让人不快，他们也不会从我这里再接到生意了。然而，这个小伙子却很聪明，他不推销，知道客户还会找他，即便是不买清洗剂，下次也会再找他，而且最重要的是口碑打出来了。虽然50元一瓶的清洗剂比超市贵了很多，但是我妈愿意，而且，有什么是比客户满意更重要的呢？

汉宫是我和郭浩摆摊时间最长的一个地方，后期我们基本都是白天找工作，晚上来这摆摊，因为这边是夜市区，有很多酒吧、电影院和KTV，来往人群的消费水平相对较高。

跟我们一起摆摊的还有一男一女，都姓胡，我们调侃他们是胡家地摊二人组，男的叫小胡，卖的是各种玩具娃娃，女孩子们最喜欢；女的叫大胡，卖的是各种小玩具，香薰蜡烛，孔明灯等等，我印象中她好像是专职摆地摊的，卖的东西随着季节的不同而变换。

我一直觉得做销售的人脑子都挺灵，小胡就是我见过的聪明人，只不过有些精明过头了。有一段时间，汉宫附近的电影院搞儿童专场，那段时间天天放动画片，来往的大都是成群的小朋友跟他们的父母，小胡的生意出奇的好。一天，一个小姑娘跟妈妈看完电影，路过小胡的摊子时看到了可爱的洋娃娃，小女孩一下子被吸引住了，非要妈妈给她买洋娃娃。这样的情况很常见，有些父母问问价格，有些则直接把孩子拉走。

小姑娘的妈妈见女儿不走了，就蹲下来对她说："宝宝，我们先回家吃饭，然后让爸爸买好不好。"

可是小姑娘的眼睛直愣愣地盯着一个玩偶，怎么说就是不走，说："我就要那个泰迪熊。"

小胡见这情况，可能也是不确定客户的意愿，还不敢贸然上前推销，那位母亲把孩子抱住，说："宝宝我们家里有泰迪熊啊，我们回家玩。"

小姑娘开始不高兴了，说："我就要那只泰迪熊。"然后就哭了起来，小胡看到这，意识到时机到了，立刻把泰迪熊拿下来，往小姑娘手上一塞："宝宝，想要这只熊是吧，叔叔拿给你玩。"这其实就是在逼客户成单，挺妙的一招。

客户看这情况也没办法，就问："多少钱。"小胡的精明与贪婪在此刻显露无疑，张嘴报价道："三百。"

其实这娃娃平时就卖八十。客户当时就不高兴了："这个娃娃这么贵，店里都没这价吧。"小胡大概也是看这个女客户穿着打扮不俗，就说："姐，这大小的娃娃就这么贵，你去店里买价格更高。"小姑娘拽着泰迪熊不放，客户也泄了气，说："行吧，就拿这个吧。"说着就要掏钱。

我说小胡太精明就在这地方，对客户落井下石一次就够了，他还来第二次。小胡转身又拿了一只泰迪熊递给小姑娘，说："宝宝，这两个泰迪熊是兄妹两个，要待在一起哦。"小姑娘又接过去，对妈妈说："妈妈这个我也要！"客户这下火了，对着小胡一顿骂："你这人怎么这样，我不买了！"然后硬拉着哭啼啼的小姑娘走了。

聪明反被聪明误，小胡最终失去了大赚一笔的机会。

大胡卖东西就完全不一样，也是这段时间，大胡进了一批做成娃娃的棒棒糖，标价十五，进价应该就一两块钱。

电影散场前，有不少在外面等场的家长和孩子，大胡拿了二十几个娃娃棒棒糖，免费送给小孩，我说："大胡你今天发善心送东西了，怎么不送我一个？"大胡发完棒棒糖，走到我跟前说："姐来教你做生意，好好学着。"

不一会，电影散场了，大胡开始吆喝棒棒糖十五一个，最后一点，卖完就没了。看到的孩子基本都拉着大人过来买，不一会就卖完了，连个还价的都没有。

大胡看我目瞪口呆的样子，笑着跟我说："我先给那些小孩人手发一个，等会其他大人看到了，会以为别人都买了，出于从众心理，他们也就没什么疑问都会跟着买了。"

我竖起大拇指，说："学到了，谢谢姐教我。"

既然提到了从众心理，就简单介绍一下。做销售的，一定要懂点心理学，卖东西其实就是一场与消费者之间的博弈。现在的产品种类那么多，同类产品之间的竞争非常激烈，如果不能摸透消费者的心理，凭什么让人家买你的产品？

从众心理也叫羊群效应，说白了就是随大流，是指个体在社会群体的压力之下，不由自主地与大多数人保持一致的社会心理现象。

上面讲到的大胡用的就是这种销售策略，虽然她不一定了解这一理论，但是实际运用起来却很拿手。由于是地摊，家长都会担心食品安全的问题，她先采取免费发送棒棒糖的策略，当更多家长看到电影院中有孩子吃棒棒糖之后，疑虑就会打消，这时候只要孩子想吃，他们就会很自然地掏钱购买。就像品牌一样，一旦某件产品形成了品牌，那么不用宣传也会有很多人购买。因为人们觉得，大家都买的东西肯定没错。

销售可以聪明，别太精明，说的是销售可以讲究技巧，但是绝不能骗。一名优秀的销售人员，通过各种销售技巧可以实现成单；而拙劣的销售人员，只能通过坑蒙拐骗拿到订单，但这样是维持不了多久的。

1970年，郑周永投资创办蔚山造船厂，准备打造一艘100万吨级的油轮。他找到了投资商，拉到了贷款，只等客户下单订货了。可是，当时没有外商看好他，客户认为韩国企业没有能力造出百万吨的大船。

郑周永很着急，对于造船他很有信心，但是如何说服客户下订单呢？思考了一阵之后，他想到一个办法，他找到一张印有15世纪朝鲜民族英雄李舜臣发明的龟甲船的500元纸币，上面所画龟甲船的形状很容易让人联想到现代化的油轮。

其实，龟甲船只是古代的一种运兵船，郑周永则决定以此说服客户下单。他拿着这张纸币到处游说，宣称朝鲜在400多年前就已具备了造船的能力，现在完全有能力建造现代化大油轮。没想到，经他这么一游说，果然有客户跟他成单，签了两张各为26万吨级油轮的订单。

很显然，郑周永是一个聪明的销售员，他没有骗人，朝鲜在400年前确实造出了龟甲船，它的样子很像现代油轮，这就让客户形成了错觉，认为郑周永的造船厂可以造出现代化的油轮，所以跟他签了单。

这个案例中郑周永没有说谎，只是利用营销手段与技巧顺利签单。所以说，营销不是欺骗，而是很讲究技巧的艺术，弄虚作假的销售只是自作聪明，可能会赚点小钱，但失去的是一大片市场。

7.行业选择，销售同谋不同道

摆了一年多的地摊，我和郭浩攒了一点钱，这行当只要肯吃苦，的确是能赚钱，但对于销售技能的提升没有多大作用，对于今后的职业生涯也没有好处。更主要的是，卖东西跟抽烟一样，会上瘾，而摆地摊给我带来的刺激越来越少，郭浩也觉得我们从最初的销售变成了进货、出货的体力劳工，没意思，于是我们又开始继续找工作。

这时候我开始思考在哪一行做销售更有发展前景，第一份工作让我意识到自我定位的重要性，纯粹的跑腿销售没有意义。而摆地摊，卖过桌子、洗发水、牙膏、娃娃、杯子、手机壳、耳机等等一大堆东西之后，我发现，在接触客户后，第一步都是创造需求、寻找需求，这个需求越大，客户需要解决的问题越复杂，这笔销售就越能创造价值、获得回报，摆地摊卖什么都卖不到这个境界。

比如现在很热门的培训机构，两个数学老师，一个能让学生的成绩提高5分，另一个能提高10分，他们获得的收入可能就是差距几十倍而不是两倍，因为孩子的成绩是客户的重大需求，而且需求还不是很容易满足。

郭浩去人才市场很快找到了工作，我问他做什么，他说："卖保险。"

我大笑："那不就是传销吗？"

郭浩说："别先入为主，这一行提成很高。"

"有多高？"

"据说能到40％以上。"

"那就是说我卖一万块钱的东西，自己能赚到四千？"我有点吃惊。

"是的，就是这样。"

我仔细研究了保险产品，发现金融类产品很复杂，解决的都是客户养老、医疗之类的复杂问题，这符合我当时对销售择业的认知，而且寿险代理人制度完全是靠销售人员的个人能力去营销，于是我和郭浩共事的最后一年，就交给了保险公司。至今，郭浩已经是一家保险公司的南部片区总监。

再来说说行业选择的问题，俗话说：男怕入错行，女怕嫁错郎。选择正确的行业对于一个人的职业发展起着至关重要的作用，不信你就问问金融行业的从业者，再问问服务行业的从业者，相互比较，看看各自的差距有多大。

而作为销售人员，尤其是立志做这一行的新人，选择一个趋势性行业，选择一款有价值的产品，将会决定其今后的职业发展顺利与否。虽然说大部分行业都需要销售，就像大部分公司都需要财务人员一样，然而选择不好的话，很可能一直碌碌无为。

那么，销售新人该如何选择行业呢？

第一，选择趋势更看重工作实质。谁都知道要选择趋势性行业，然而也要看你的工作内容。互联网绝对算是目前最火热的行业，没有之一，然而如果你应聘为网络销售，很多工作的底薪都是非常低的，而每天的工作内容都差不多，既无趣又拿不到太多提成，更主要的是对于销售技能的提升帮助有限，这样的工作就不利于职业发展。

第二，根据兴趣与专长进行选择。感兴趣的事往往能够做得更好，这是每个人都知道的常识。如果你从小就对电脑感兴趣，工作后却找了一份推销牛奶的工作，可想而知，你的进步空间能有多大，更主要的是面对毫无兴趣的工作，你能做好吗？

　　郭浩找到了一份卖保险的工作，而我虽然对此不屑一顾，但是也被他拉了进来，下面便拉开职业生涯的第三个篇章——卖保险记。

卖保险记
PART 3

1.赞美是获得好感的第一步

我们当时加入的是被业内称为"寿险培训黄埔军校"的一家公司，与耿老板当时业余的培训不同，这里的培训非常正规专业，加上上次参加洗发水公司培训的收获，我对销售培训很感兴趣。

可是保险公司洗脑式的唱歌跳舞让我实在接受不了，培训才开始没一会，我就跑出来抽烟，听到旁边办公场所有两个人吵架的声音，就跑过去看看。过去后，发现是个大会议室，里面一个穿西装的中年男人在教训一个小男孩，看样子应该是领导在教训员工，不过小男孩反驳的声音很大。

"那老头都说了不买，我都去了三次了，你老让我去干什么，浪费时间。"小男孩表现出厌烦的情绪。

中年人很严肃："一个客户不跑上十次也叫去？我现在去问那客户你叫什么，他肯定说不上来，才去了三次，第四次人家愿意买怎么办？"

"我跑那么多次，客户都嫌烦。"

我在一旁听着，被中年男人发现了，转头看我的表情和前一秒完全不一样，刚才还一脸严肃甚至有些怒气的脸，瞬间堆满了微笑，他说："你好，请问你找哪位，有什么事？"

如此快的变脸速度让我没反应过来，我愣了一下，然后意识到自己是新人，没穿西服，他一定是把我当客户了。

我赶紧递了根烟给他，说我是新来的学员，看他教育员工，来取取经。

中年人接过烟，说："我叫郭兴贵，是这里的主任，小伙子你贵姓"？

"免贵姓徐。"

郭主任停下点烟的手，站着把我上下打量了一会，然后说："小伙子你不像新人啊，这气质一看就不一样，有自信，有胆量。"

我被他夸得爽爽的，他突然问："小伙子，你爸当过兵吧？"

我一愣，说："是啊，你怎么知道。"

他说："你眉宇间一股英气，古人说男孩眉间像父亲，我猜你父亲年轻时跟你一样帅气，这气质就军人身上能看到。"

这老狐狸嘴真能说，我心里想着。虽然郭主任说得很肉麻，但我心里听着还是非常高兴的，因为从来没有人这么夸过我。

我给他点上烟，问："郭主任，你年轻时也当过兵吧？"

郭主任也一愣，说："是啊，你怎么知道？"

"刚看你教训徒弟的样子，一看就是部队里待过的。"我转身对那个小伙子说："严师出高徒啊，小伙子以后发展潜力很大。"

郭主任哈哈大笑："小伙子有潜力。"也不知道说的是我还是他徒弟。

我寻思这根烟不能白费，刚好培训班也没去听，就问："郭师傅，我看你刚才培训得很到位，能不能教教我？"

"不敢当，你想学什么？"

我寻思着他这么会说话，就说："我平时见客户，都不知道怎么开口聊天，想夸夸别人又觉得好假。"

郭主任笑着说："小伙子是觉得我会夸人是吧，你还真别误会了，我刚说的都是事实，没什么故意吹捧你的意思。"

赞美法则第一条：发自真心。

为了赞美去赞美是没有意义的，很多销售新人都知道要通过赞美客户来拉近距离，但实际操作时却发现赞美是一件很困难的事，说出来都是陈词滥调，打动不了客户，有些赞美反而会让客户觉得销售人员很虚伪。

为什么，正如艺术家罗丹所说：生活中不是缺少美，而是缺少发现美的眼睛。不仅是销售人员，我们很多人都习惯漠视别人的优点，孔子还说：三人行，必有我师，销售人员要谦虚，谦虚不是指恭维，身态摆低，而是要谦虚地看到客户的优点！这样我们才能发自真心地去赞美客户。

跟郭主任吹完牛，抽完烟，我打算回教室，发现郭浩刚上完课出来，见到他，我仔细观察了一分钟，才走过去对他说："郭浩，我们俩认识这么多年了，我才发现你头上有三个旋，我们老家说三个旋的都是聪明人，怪不得你能学数学，我只能学历史。"

郭浩半信半疑地看着我，问："真的？我怎么觉得你比我聪明？"

我说："真的，以前我还真没发现。"

郭浩很高兴，晚上还帮我付了晚饭钱。

赞美法则第二条：寻求创意。

现在销售人员随便对任何人都能称呼帅哥、美女，这就不是有效的赞美，客户对此已经没有感觉，甚至有身份、有素质的人，会对这种粗俗的叫法觉得反感。好的赞美除了发自内心，更要发掘出客户与众不同的一面，这就需要我们善于观察，客户身上的首饰，衣服的款式，办公室的摆件等等，这些都是可以拿来称赞一番的。

除了以上两点之外，赞美还要做到言之有物。赞美他人在西方是一种礼节，一种习惯，而国人也渐渐养成了赞美他人的意识。如果是陌生人之间初次见面，礼节性的赞美或者说泛泛地夸赞一番没问题，但是如果作为销售人员，想要让客户掏钱买你的产品，那么这样的赞美显然还不够。你必须说进客人的心里，赢得他们的认同。

举例来说，一个卖卡地亚手表的销售员，看见一位西装革履的商务人士进店，上去就粗俗地恭维一番，"您真气派""肯定很有钱""这种档次的手表才配得上您"……要知道，这样的赞美就连我听起来都觉得虚伪、俗气，别说是成功人士了，除非他是土豪，要么肯定觉得你鄙俗，这单生意十之八九要泡汤。

如何做到言之有物，首先要求销售人员仔细观察客人。因为都是初次见面，彼此不了解，贸然赞美显然不合适，你能从表面上看出来的也都是些泛泛的东西，还需要通过对话深入了解，所以你可以在交谈中试着"套"对方的话，通过唠家常的方式进一步了解。要记住，这是一门高深的技巧，尤其是面对成功人士时，他们的精明程度绝不会在你之下，千万不要弄巧成拙，这需要通过多年的工作经验慢慢积累。

当你通过交谈简单了解对方之后，结合自己的产品与对方的实际需求进行赞美，比如卖卡地亚的销售员，可以通过聊天询问对方的工作性质，然后突出卡地亚这个品牌与其身份的匹配度，这样更容易说到客户心理。

赞美法则第三条：言之有物。

言之有物的赞美比虚无缥缈的赞美更有效，夸人皮肤白就比单纯夸人漂亮更有说服力，因为更具体、更形象。

由于我跟郭浩经常在一起，所以没事就探讨销售技巧，并在对方身上试验，当然不会事先告知彼此，由于太熟悉了，很多时候会被识破，如果偶尔成功几次，一定说明该技巧是非常奏效的。

跟郭主任聊过之后，印象很深刻，虽然明知他是在有意赞美我，但听起来还是很舒服。我意识到，这就是我需要学习的地方，于是乎又想到了郭浩。

一天下班之后，我们闲聊，他问我："哥，你说咱们这么混能成功吗，什么时候才能混出头？"我本来想发发牢骚，但意识到这是一次不错的机会，于是有了下面这段对话：

"销售是一份苦差事，当年一位香港资深讲师告诉我，两类人最可能做老板，一个是财务，懂钱；一个就是销售，懂渠道。我们就是后者，努力做一定有发展。"

"你说这回选的保险，应该不错吧。"

"嗯，这行最锻炼人，虽然我开始不屑一顾，但是看到你那么坚定，也就跟来了。既然来了，就要做出点成绩，我们在很多地方都挺像的，口才好，看人准，最主要的是有闯劲，作为刚入行的销售来说，这几点就够了，剩下的销售技巧、经验我们慢慢学。"

"是啊，听你这么一说，让我更有信心了。"

赞美法则第四条：寻找共同点。

因为很熟悉，我知道自己跟郭浩的共同点是什么，所以很容易就引起了共鸣，这样的赞美很难被识破，能够赢得对方的好感。

读过同一本书，穿的同一牌子的衣服，用的同一款化妆品，同样的口味等等，这些可以作为共同点，但有一点必须切记，从共同点切入一定要避免把谈话对象变成自己，要围绕客户去聊天才可以拉近距离。

我记得迄今为止听过最厉害的赞美来自一位语文老师，她在朋友家做客，朋友和丈夫陪着他，这时候，朋友的儿子带着女朋友回来了，老师就说了一句话："这孩子跟他爸一样，会挑！"

赞美法则第五条：女人更爱听赞美。

女人的钱永远是最好赚的，因为她们天生爱消费，同样，女人也更喜欢被人赞美。在销售的过程中，紧紧抓住这一点，你就能成功打开她们的钱包。与男人不同，女人的思维更加感性抽象，所以有些肤浅的赞美，在她们听来也是能入心的，比如夸她们漂亮，身材好，有气质，会穿衣服等等。所以，当你面对女性客户时，绝不要吝啬你的赞美。

2.不要循规蹈矩地接近客户（一）

卖保险跟卖电脑完全不同，当我们扫楼时，敲门说自己是推销电脑的，几乎没人拒绝开门，拒绝接名片；可现在当我们说自己是卖保险的，大多数人门都不开，甚至破口大骂。这可能是由于人们的观念造成的，毕竟那时保险刚刚起步，人们经常将我们视为骗子。

如今我在逛街的时候，也经常会遇到推销各种稀奇古怪产品的人。据我观察，很少有人会停下来听推销员说话，都是视而不见直接走掉，不少推销员还坚持跟着客户继续推销，引来的都是对方反感的回应或者是礼节性地接过名片，也有人随手扔掉，这对推销员的打击很大。

这类推销员可以算是最初级的销售，很难做，为了谋生实属无奈，至于能学到什么，我估计除了自信心与勇气，可能什么也学不到。

信息时代的市场发展太快，现在的客户都很成熟，也都曾受过市场的教育，吃过亏，因此对推销员——不管你卖的是什么——都有本能的排斥。对于做直销的，尤其是直接接触个人客户的推销员来说，如何快速接近客户切入销售就非常重要了。

我和郭浩在跑保险的第二天就发现了这个问题，如果直接开口说自己是保险公司的，并推荐保险产品的话，得到的结果往往都是拒绝，搞不好还会挨客户骂。

"可是如果不说自己是卖保险的，那些客户又不认识我们，我们怎么去接触他们，接触到之后聊什么？"郭浩问我。

我说："不是不说保险，别直接推销产品就行，这跟卖电脑可不一样。"

我找了本黄页，里面有市区各家公司、政府机关的地址和电话号码，既然直接拜访客户不好谈，那么就先电话约访，这样再接触客户要好聊得多。

我找了一家当地做电脑销售的公司，心想也是自己的老本行，有共同话题，可能比较好接触。而且这家公司很大，高层的经济实力应该非常好。找到了法人代表的电话，我就直接打了过去，是秘书接的电话："你好，请问哪位？"

"你好，我是××人寿的徐铁，请问罗先生在吗？"

"不好意思，不在。"秘书直接把电话给挂了。

要是这样就能拦住我，那就太小看我了。

下午，我又给秘书打了电话："你好，我是早上打电话来的××人寿的徐铁，请问罗先生在吗？"

秘书有点生气："早上不是说了吗，不在，你别打电话过来了。"她啪的一声又把电话挂了。

我想这秘书的脾气真够大的，一点说话的机会都不给。

第二天，我让郭浩拿电话帮我拨通，换了口吻，等秘书接电话："你好，请问哪位？"

郭浩说："小罗在不在，我找他。"

"您是董事长的朋友吗？他正在开会，如果需要留言的话我可以帮你转达。"

"哦，不用了，他几点在公司，我到时候直接过去就行了。"

"好的先生，那您预约个时间，我到时跟董事长说一声。"

"约什么时间，我跟小罗见个面还要约什么时间？他几点在，我过去。"

秘书大概被吓到了，说："嗯，我知道了，董事长下午三点后在办公室，您来了后我给您通报。"

"行，到时再说。"郭浩把电话挂了。

我在一旁差点笑岔气，对待客户，第一步如果很难走，那就需要点小计谋。这类方法在社会上叫做"诈猫"，就是吓唬人的意思。算是一种心理博弈，按理说秘书只是在履行职责，如果董事长天天被推销员打扰，要她干嘛？但换位思考，如果销售人员连秘书这一关都过不去，自己的饭碗早该没了。

下午2点半，我提个包就去了，公司很大，到了门口，门卫把我拦住了："你干什么的，找谁？"

我说找罗平，他问我有没有预约，我说跟秘书预约过了，然后门卫就打个电话到办公室："楼下来了个人，说约了罗总……"说了几句，门卫就把门打开，跟我说："进去吧，罗总在六楼。"我递了根烟给门卫，心想看来秘书是被吓到了，没敢跟罗总说，还没露馅。

到了六楼，看到秘书在前台，我连问都没问，就直接走到罗总办公室。她还觉得有些奇怪，再看我年纪轻轻的样子，我当时才二十多岁，虽然人比较老相，但一身劣质西装也让我基本暴露了。但是我走得快，直接忽略她，径直走到老总办公室，敲了敲门。

"请进。"

这一声我就愣了，是个女人的声音，有点出乎意料。我推开门进去："罗总你好，我是××人寿的徐铁，昨天打电话您在开会，就直接来找您了。"

罗总看上去不到四十，很年轻，气质谈吐非常优雅："不好意思，平时会议比较多，您找我有什么事吗？"

我刚打算说明来意，罗总电话响了，她接起电话说了几句，然后起身对我说："不好意思徐先生，还有个会议要开，不能接待你了。"

这是开门送客了，比较难对付的客户，不拒绝你，该做的礼节都做到位，说话也说得到位，我正寻思该怎么做，罗总已经把门打开，对我说："徐先生，那我不送了。"

我只好起身，刚走两步，我想起点什么，回头喊："罗总！有件事我差点忘了！"

罗总皱了眉头，看来对我已经有点厌烦："什么事？"

"是这样，我原先也是做电脑销售的，后来因为一些问题做不下去了，很困惑，所以想请教你一下。"

"行，那你下次约个时间吧。"

我一听这话有戏："好的罗总，那我明天这个点再来。"看罗总没有回绝，我立刻出门走了。

这次约访客户还算成功，因为对方给了再见面的机会，所以用到的销售技巧很有价值。我目前所在的公司，一位负责后勤的主管跟我说，他办公室一堆"垃圾"，都是推销员直接到他办公室推销的，他骂了行政部多少次，都没有效果，这些推销员装熟人、装朋友直接进来，也没人敢拦。

西方人有句话说，做生意是"先小人后君子"，我觉得很有道理，在生意之前，常规方法切入不进去的话，就需要做做"小人"，开始谈生意了，那就得做"君子"了。

善用"回头"的技巧。如果你有什么话想和客户说，但不好直接说，或者有什么问题想问又不好直接问，那么最好的办法就是临走的时候，突然回头，告诉他：我突然想起来一件事，差点忘了说……对方被冷不丁这么来一下，往往反应不过来，这时候非常适合约谈下次见面的时间，或者询问一些不好透露的事情，百发百中。

3.不要循规蹈矩地接近客户（二）

由于用到了"回头提问"的技巧，客户没反应过来，所以我才有了再次见面的机会，虽然明知对方已经在很有礼貌地拒绝我了，再去肯定会引发客户的厌恶，然而对于一名销售人员来说，尤其是保险销售员，这样就放弃了不如趁早改行。

于是，第二天，我提前一小时就到了罗总公司，没有直接上楼，而是去找门卫聊天。

我上了一根烟，问门卫："你们罗总很年轻啊，家里有背景吧？"

"这我哪知道，不过真有钱。"

我好奇地问："这公司也不是很大，能多有钱？"

保安一指停车场："看到那辆法拉利没，四百多万，敞篷的。"

我一看，一辆红色的超跑法拉利，的确不是一般档次，看到车，我突然想起汽车销售之神乔·吉拉德的一个故事：

一天，一位中年妇女刚刚转完对面的福特汽车销售商行，然后来到吉拉德的雪佛兰汽车展销室。吉拉德很热情地迎了上去，女士说自己很想买一辆白色的福特车，可他们让我一个小时之后再去，所以我就过来看一看。"夫人，欢迎您来看雪佛兰汽车。"吉拉德微笑着说。

随着聊天的深入，女士告诉吉拉德，今天是她的生日，所以想买一辆白色福特车作为生日礼物。

"哦，是吗，夫人，祝您生日快乐！"吉拉德送上真诚又热情的祝福。随后，他轻声地向身边的助手交待了几句。

吉拉德领着夫人从一辆辆新车面前慢慢走过，边聊天，边看车。走到一辆轿车前时，他说："夫人，您那么喜欢白色，看看这辆雪白的双门式轿车怎么样。"

就在这时，吉拉德的助手捧着一束玫瑰花递给了吉拉德，而吉拉德接过玫瑰，恭敬地送给了这位女士，"美丽的夫人，再次祝您生日快乐。"突如其来的一幕让这位女士很感动，激动地说："先生，太感谢您了，已经很久没有人送我礼物了。"

等女士平静下来之后，她开始犹豫到底要买福特还是雪佛兰，这时她想起了刚才福特汽车销售员的表情，似乎看不起她，让她等一小时，显然是为了照顾其他顾客。

想到这里，该女士自言自语道：看来我也不是非要买福特汽车。吉拉德看准时机，带这位女士看了好几辆白色的雪佛兰轿车，耐心地介绍一番之后，成功地抢到了这一单。

想到这个故事之后，虽然不知道罗总是否吃这一套，但是女人天生喜欢花，况且有礼好办事这是人之常情，我就问门卫附近哪里有卖花的，然后去买了一束玫瑰花。到罗总办公室时，整个公司里的人都很惊奇地看着我，我又敲开了罗总的门。

毕竟是女人，她一看到玫瑰花，眼睛都发光了，笑着对我说："徐先生，您还真来了，这样捧着花过来，人家还以为我们干什么呢。"

我把花递给罗总，罗总喊门口秘书："小魏，给徐先生倒杯茶。"这态度跟之前完全不一样，看来玫瑰攻势有效果。

罗总请我坐下后，问："徐先生，您上次说您也在电脑公司上过班是吗？"

我说："罗总您叫我徐铁就行，我是在电脑公司卖过一段时间电脑，看罗总公司这么大，有些问题我想请教一下。"

"请教不敢当，我也是半路出家，你说我听。"

"罗总，我知道你忙，不耽误你时间，五分钟我就走。"

"这是你客气了，说吧，请教什么。"

后面就是我早就设计好的话术了，既然接近了客户，现在我就得想办法切入销售："罗总，是这样，我原先是做电脑销售，说实话，做的还不错，不过因为现在网络发达，市场透明，个人代理销售越来越困难，所以在这个行业就没做下去。现在转行到保险公司，对以后的销售工作很迷茫，不知道自己在保险销售行业如何更好地发展。"

罗总很认真地听我说完，说："现在个人推销电脑，的确很难做，网络销售已经覆盖得很大了。对保险销售我实在不太了解，你们现在主要销售哪些保险产品呢？"

"针对市场，我们现在主要推出的是意外保险和医疗保险。意外保险就是针对天灾人祸的一些意外，比如车祸意外之类，医疗保险就是针对重大疾病的治疗了。"

"那这类产品主要针对哪类客户呢？"

"意外保险主要针对的是有车一族，罗总你也有车，肯定买了车险对吧。"

"是的。"

"车险主要保的是车，而意外险呢，就是保车上的人了，罗总你也知道，现在有车的人那么多，尤其我们这边黑出租还不少，开车有点意外真是很正常，要是车伤了还不打紧，人伤了可就不得了了。"

"大概了解了。"

这时我已确定罗总在按我的思路走了，虽说是请教，实际我已经在向她推销产品。"能把你们的意外保险产品和我详细讲解下吗？"

花了一分多钟，我将产品和罗总介绍完，然后看看表，对罗总说："不好意思罗总，耽误你五分钟了，我告辞了。"罗总说："你还真五分钟就走啊，刚好我也出去有点事，带你一程吧。"

我跟罗总上了车，她一边开车一边说："徐铁，多少年没人送我花了，我们俩虽然才第二次见面，我还是挺高兴的，这样吧，那份意外保险我办一份。"

我连忙拒绝："罗总，我只是来请教问题的，保险这行我也只是偶然进来的，说不定哪天就走了，怎么能让你在我这买保险呢。"

"我买的是保险产品，又不是买你的面子，就算你走了，保险公司还在，我怕什么？我们超跑俱乐部前段时间有个老板开快车追尾，人没了，你把产品介绍多给我几份，我让俱乐部那些朋友都买一份。"

就这样，一通诈猫式的电话，一束玫瑰花，让我一次性签下了七张保单。

不仅如此，罗总至今也没有把我当作保险业务员，而一直把我当作朋友。

我至今还坚持的一件事就是，对任何客户，第一次见面的时候，我绝不会就事论事地和他谈生意、谈产品、谈业务，而是想办法让他记住我，销售人员永远不是只卖产品，更多的是推销自己，如果客户连你都记不住，那更别指望他能记住你的产品。

世界上有那么多销售，每个人一生中都会被无数人推销产品，如果他们的产品不是唯一的，那么销售人员就会有竞争压力、业绩压力，如何把产品卖出去？凭什么要买你的产品而不是别家的？这就要求销售员给客户留下深刻印象，最好还能成为朋友，做生意就是做人情，永远都是做熟不做生。

大部分平庸的销售人员，都在按照培训时教授的方法循规蹈矩地接触客户。试想一下，你所遇到的每个推销员都说同样的话术，听得你自己都会说了，那么就算有购买意向，也会随便找一个人买。所以说，想要接近客户，一定要另辟蹊径。

接近客户需要创新，但有些东西是最基本的，是每个销售员都该了解的：接近客户的方式主要有三种：电话、直接拜访、电子邮件。

一般来说，根据约见客户的主题选择不同的方式。如果是推销产品，目前来看，电话跟电子邮件的形式显然不行。电话要么被直接挂掉要么被拉黑，而电子邮件则会直接投入客户的垃圾箱。那么，就只剩下直接拜访了，这也是最困难的方式。

再来说说接近话术，传统的话术包括自我介绍，客套话，拜访理由，赞美，推销产品。一般来说，当推销人员说明来意之后，就会被"赶出去"。这就要求销售人员学会灵活变通，在拜访之前先尽可能了解客户，搞清楚对方是否需要你的产品，是否能有力购买，也就是说，他是不是你的目标客户。如果是，再进一步行动。你可以弄清楚对方的性格、喜好、脾气秉性等等，确定了适合"下手"再行动，否则遇到"顽固型"客户，除了被骂得狗血淋头，可能什么也得不到。

比如之前的罗总，当我确认了客户的性别之后，立刻想到了送花，女人都爱花，这就是最好的切入点。

此外，不要上来就推销产品，你好不容易赢得了客户的信任，愿意与你继续交谈，如果你的产品让对方毫无兴趣，这次成单的机会也就微乎其微了。你可以找话题，找对方感兴趣的，然后体现你的价值，就是你可以给对方带来什么利益。比如通过闲聊，你得知对方的孩子最近在某大医院看病，却苦于挂不上号，而你正巧有熟人能帮忙，这样一来二去建立了利益关系，就算他一点都用不到你的产品，也会帮你推荐给其他人。

总之，一般培训时教授的那些知识并非没有用，而是要加以变通，循规蹈矩接近客户的结果，只能是成单失败。

4.先做人，获得客户认同

　　直接向陌生人推销保险太难了，即便在人们对保险十分了解的今天，这种方式也不好做，想要更好更稳定地成单，最重要的是获得客户的认同，那么首先要从做人开始。

　　公司客服接到一个客户的投诉电话，客户说自己买了七八年保险，想问问保险怎么拿钱，客服问我们有没有谁想去约见客户谈一下。几个业务员都说不去，一是客户年纪太大，住的也是老旧小区，有名的贫民区；二是他买的这份保险根本就拿不到多少钱，过去解释完全是找罪受。我正巧下午没事，觉得这也是一个机会，没见到客户就乱下定论是业务员的大忌，就算这个客户不买，搞不好能发展他身边的人呢，想到这里，我就拉着郭浩去了。刚到小区门口，我摸摸口袋发现烟没了，虽然我很少抽烟，可是得随身带着给客户上烟，这也是打开对方话匣子的方法。在国内，烟应该是每个销售人员的必备品。我看到小区门口有一家商铺，就打算去买烟，过去一看原来是卖保健品的店，没有烟卖。郭浩见状把口袋里的中华往我这一扔，说："铁哥，你去见客户，我就在这等你了。"

　　这小子精明得很，他也觉得这个客户没有价值，去了也是浪费时间，于是我自己去，他则在小区发发名片，搜集一些客户名单。

　　来到客户家门口，我敲了敲门，没人答应，心想刚约好的就出去了？我看见门开着，又敲了几下，还是没人答应，于是直接推门进去。看见一个男人正在餐桌上绣花，女的在卧室看电视。

这两人真有意思，敲门都不答应。我赶紧打招呼："请问是孟先生家吗，我是××保险公司的。"

客户头也没抬，"嗯"了一声继续绣花，他老婆还在那聚精会神地看电视，非常投入。这场面真是尴尬，家里进来陌生人，主人一点反应没有，难怪公司那帮小子不过来。我想上烟，但人家看都不看我，专心绣花，无奈之下，我只能凑过来，想着说点什么打开局面。我见到客户在绣花，其实我一点都不懂刺绣，就随口称赞一句："孟老板，手艺活啊。"

"卖几十块钱的玩意，什么手艺！"客户把针往餐桌上一扎，转过头问我："你是保险公司的吧。"

没想到，这句话还真说到了点子上，客户开始搭理我了。

"是的。"

"我买了个保险。"客户从桌子下抽出一张保单递给我，说："你看看，这个保险我买了快十年了，能不能拿钱养老。"

我接过保单一看，居然是一份重大疾病医疗保险，我跟他说："这是一份医疗保险，不是养老保险，现在拿不了钱的。"

他问："你就是说这个现在拿不到钱了？"

我说是的。

然后他就急了，开始大吵大闹，说自己怎么被骗的，怎么买了这份保险，现在又如何缺钱，要是拿不到钱会怎样……总之，客户情绪很激动，他老婆在卧室里面突然开口问："怎么搞的，拿到钱了吗？"

他朝卧室吼："拿到个屁，当时就是你要买这破保险……"

女的也吼他，两个人就这么吵了起来，我连插话的机会都没有，寻思着能不能安抚下客户，把服务做好让他态度好转点，刚打算开口，客户回头就开始骂我："你滚吧。"女的也在卧室里面喊："滚，别来了。"电视里正好在放《铁齿铜牙纪晓岚》的片头曲，我到今天一听到这个曲子，就想到当时被骂的情景。

此情此景，估计再厉害的销售人员也没辙了，我赶紧跑了出来。郭浩蹲在路边，看到我就笑，我问他笑什么，他说一楼客户的吵架声外面都听见了。他挖苦说："客户让你滚，我还寻思着你要如何处理，没想到真滚出来了。"气得我在他屁股上踢了一脚，说："滚，这不花上半年解决不好，浪费时间，你资料搜集，效果怎么样？"

"搜集什么啊，大下午的都上班去了，又没见到几个人，而且这么穷的小区。"

我们打算回公司，听到后面有一个女人喊："小伙子，帮帮忙。"

我们回头一看，小区门口卖保健品的店里，一个阿姨在搬箱子，抬不动了。

我刚打算过去帮把手，郭浩把我一拉，说："你干嘛？没看到她后面还多少箱子吗，帮不完的。"

我说反正下午也闲着，刚才被骂的气还没出呢，去做点体力活发泄下。

郭浩说："那我先回去了，我还约了个客户。"

告别郭浩后，我去保健品店帮阿姨搬箱子，这家店开在火车轨道边，没过一会就有火车经过，震得小店发抖。小店里不止有保健品，还有小孩的衣服、玩具、化妆品等，老板娘姓朱，做过很多年直销，不过应该做的不太好，店里剩下的都是些破烂。

我帮她把箱子搬完，老板娘给我倒了杯水，说："真是谢谢小兄弟了，我一个人实在忙不过来，也没什么招待的。"

我喝了口水，说："顺路帮忙而已。"起身就打算走了。

老板娘忙问："小伙子你在哪上班的？"

我说在保险公司，她点点头："做保险不容易啊，我也没啥能帮你的，这样吧小伙子，明天你再过来，我给你介绍几个大老板认识。"

我支吾一下就走了，以为是老板娘随口说说而已。回去跟郭浩一说，他跟我看法一样：这些做直销的嘴上跑火车，靠不住，肯定是忽悠人，没准又让你去帮忙干活。

第二天，去见个客户，刚巧经过这家保健品店，我心想尽量躲着走，免得又被叫过去干活，我今天真有事。结果，老板娘大老远就看到我："小伙子，来了啊，我这腰又直不起来了。"

跟我预想的一样，哎，既然躲不过了，就干吧，就这样又去帮忙搬了一大堆箱子。

结束后，老板娘说请我吃饭，我都怕了，赶紧拒绝，说还有事呢。老板娘说："小伙子，我现在这情况也帮不上你什么忙，你帮我搬了两天箱子，看你人不错，要是别人都不理我。这样吧，我给你介绍个客户，跟你买份保险。"

我心想还在满嘴跑火车，昨天就是这么说的。可没想到她当时就拿起手机拨了个号码："姐，你过来一趟。你先来再说什么事。"打完电话，老板娘跟我说："小伙子，我姐是当老师的，人很实在，才添了孙子，你直接把单子拿出来给她签字就行。"

不一会，老板娘的姐姐就来了，老板娘过去几句话一搭，她姐姐就到我这来了："小伙子，我妹妹说你帮了她不少忙，真是谢谢你了，听说你是保险公司上班的。"

我说是。"那正好，我刚好要给小孙子买份保险，你把资料给我。"

很快，这一单就签下来了，老板娘的姐姐连保险产品是什么都没问，就当场签了两万的保险。后来老板娘又给我介绍了几个客户，我也去帮过她不少忙。

几个月后，我又过去找她，结果发现她的店已经关了，手机号也换了，后来再也没有见过她。

郭浩笑我说这是我难得犯傻白捡的单子，我很明白这不是犯傻，这是销售中和客户搞好关系的一个很重要的层面：**客户信任。**

我们把产品推销给熟人，例如朋友、同学、亲戚、老师等等，会比推销给陌生人要容易很多，就是因为他们信任我们，不会坑他们，很多时候甚至不管是什么产品，就算是卖个面子也会买。如今很多人利用微信朋友圈做生意，虽然有时刷屏让人反感，但是这也正说明了信任对于成单的重要性。

让客户产生信任最关键的一点就是做人，想做一名好销售，首先要学会的就是做人，最有效的就是情感投资，主要有三种方法：

（1）**当客户是你的父母**。对于年纪长你一个辈分的，怎么孝敬父母就怎么孝敬客户，谦虚为上，年龄大的客户对懂事的年轻人都比较信任。面对这些客户时，一定要表现出恭敬的态度，懂礼貌，会说话，这样更容易成单。

（2）**当客户是你的情人**。面对同辈或年龄差距不大的异性客户，当他（她）是你的情人，欲擒故纵是最好的办法。如果客户对你产生好感，或者说至少不讨厌你，那么你在往下推销产品时，就会顺利很多。

（3）**当客户是你的朋友**。朋友间先讲感情后谈利益，为客户营造出这种感觉非常重要，让客户认为你并不是只想跟他做生意赚钱。建立友谊并非一朝一夕的事，日久见人心，别怕花钱，因为长期利益是非常大的。

销售无畏

5.成交就在一瞬间，打动人心的关键话术

在保险公司的时候，我们签单后经常会和大家分享，然后就会有人问："你觉得这一单成功的关键话术是什么？"或是"你觉得你哪一句话打动了客户？"我一直觉得这个问题很傻，销售是一个受多方面因素影响的事，包括产品、话术、渠道等多个方面，怎么可能因为一句话就打动客户，让他签单呢？每次遇到这种情况，我都当作是拍电视节目，为了舞台效果故意表演一样，找一个话术搪塞过去。

有一天去买衣服，旁边一个女孩正在试穿一件衣服，好像挺贵的，对着镜子照了很久，但一直在纠结买还是不买。服装店一个导购过来，我原以为她要称赞女孩穿上衣服多好看或是提供打折活动什么的，结果她对女孩冷冷地说了一句："买吧，年纪再大点就穿不出这个味了。"我很难说清楚当时那女孩眼神里传达出的是什么感觉，她二话没说，拿着衣服就去柜台结账了。

导购的话真是一语中的啊，女人的青春就那么几年，干嘛不对自己好点，再不臭美就老了。这一招属于典型的激将法。

见过不少用激将法刺激客户购买的情况，但这么一句话就直击人心的，还真是第一次见到。

郭浩已经打算在保险公司长期干下去，最近正到处增员发展下线，我们也逐渐分开拜访客户，主要是我们已经可以单独应对客户，除非特别棘手的情况，我们才会相互配合。

在卖保健品的老板娘介绍给我的客户中，一个姓马的老板对保险非常反感，他是做贵金属生意的，平时炒股、放贷、赌博什么都有涉及。那个老板娘把我介绍给他后也没什么后话，我估计可能是以前做生意亏了本，现在还欠着债，这些所谓的老朋友也只是有过生意来往的半熟脸而已。所以，认识马老板后，我都是一个人跟，主要是为了处朋友，拓展人脉，我很清楚，这一行并不适合我，这只是我成长的阶梯。

马老板最大的特点就是爱赌，他的公司紧挨着一家商务会所，白天上班，晚上就去会所耍钱，公司里里外外，包括前台接待的小妹都能打几手牌。马老板说自己从小就爱看武侠小说，十几岁开始赌钱，后来周润发拍《赌神》，他还特地跑到香港找周润发合影，办公室里就摆着那张照片。

马老板最喜欢赌的是牌九，简单刺激，这样的客户是很矛盾的，一方面，他有钱，关系处好了什么产品他都能买点；另一方面，好赌的人是典型的风险偏好者，而买保险是风险厌恶者，两者完全冲突，我总觉得让马老板买点保险不是什么大问题，而且一旦他买了，身边的赌友又是一大资源。

让我跟着马老板一块耍钱我可玩不起，赶巧的是，他经常出去应酬，喝醉了没法开车，他又没有司机，我就常去给他当司机，负责送他回家。他老婆每次都很感谢我，后来只要马老板一喝醉，他老婆都会打电话给我让我帮忙。

马老板倒是很直接："小徐，你帮我不少忙我心里清楚，你要有什么事需要帮忙的说一句就行，不过这保险我是肯定不会买的，别的什么事都好说。"

我说："马老板你言重了，我们做保险的没别的，就是时间多，我又一个人过日子没牵没挂的，来帮忙开车小意思。"认识马老板后，我就再也没跟他提过保险。

几次下来，马老板对我越来越信任，一天晚上他给我打电话说："小徐，你在忙不，不忙过来一趟，帮我开个车。"我听这口气应该是又喝多了，就赶紧过去了，过去以后发现是个茶社，马老板的车停在门口。

　　"马老板你来喝茶醒酒？"

　　马老板一笑："是来醒酒，不过不是喝茶。"说着就进了茶社，他让我在一边等，自己过去见了一位很漂亮的女人，两人聊了很久，相谈甚欢。我这才明白过来，原来马老板这是会情人来了，把我叫来当"目击证人"，一会送他回去，嫂子见了肯定不会怀疑。

　　完事之后马老板招呼我开车送他回家，我心里明白，这事也让我来接，那是没拿我当外人。到家后，马老板的老婆一边感谢我，一边请我进去坐坐，我婉拒了，马老板却坚持让我进去喝杯茶，我拗不过就进去了，马老板坐在沙发上，突然问我："小徐你是在保险公司上班吧？"

　　我说："马老板你不会都忘了吧。"

　　马老板说："不是忘了，我是突然想起来，好像是朱老板那次喊吃饭时我们俩认识的，不过你怎么从来没跟我推销过保险？"

　　我大笑："马老板，你又不是我客户，我当你朋友，除非你主动要买，不然我们这关系不乱了吗。"

　　马老板突然很严肃，说："我这人是很反感保险的，人都死了要钱还有什么用，活着的时候该花就花完。"

　　我也一脸正经地对马老板说："马老板，你要像我一个人无牵无挂的，那的确无所谓，不过……"我指指厨房，"你还有老婆呢。"

　　马老板没说话，不一会我就告辞了。第二天，马老板打电话给我，说他想了想，觉得我昨天讲的很有道理，他要给老婆买一份保险。可能是内疚，也可能是良心发现，反正马老板给老婆买了一份价值不菲的保险，也让我赚了不少。

　　销售打动人心，靠的不是如何天花乱坠地宣传产品，也不是能把死人说活的口才，作为销售，你可以不知道客户喜欢什么，但是你一定要知道客户的软肋在什么地方，要知道客户最担心的是什么。马老板虽然吃喝嫖赌，可是他很在乎他老婆，在乎家庭，无论多晚，他都坚持让我送他回家，可以看出他对老婆的感情是很深的。一句话打动人心，诀窍就在于此。

我从保险公司离职后，就听到马老板资金链断了的消息，生意破产了。结果员工在公司的地下室找到了他，马老板上吊自杀了，此时距他给老婆买保险只有90天。我跟马老板认识的时间不长，还不到一年，他的事我不太清楚，他也不说，但我敢肯定，当时在他家喝茶时，我讲的那句话，真的打动他了。

可惜的是，自杀不在保险的赔付范围内，马老板的老婆并没有拿到那笔上百万的理赔金，这也是我失职没有告诉马老板的事。

想要一句话打动人心听着简单，做起来很难，我见过这么多销售，其中不乏业绩百万、千万的明星级销售，也不见得句句话直戳人心。有些时候，真的要看运气，首先你要非常了解客户，站在他们的角度，设身处地为他们考虑。最好是换位思考，把自己当作客户本人，把他的事当作自己的事，把他的境况当作自己的境况，然后推心置腹地聊，说不定哪句话就让他们感动了。

尤其是在酒桌上，酒过三巡之后最容易讲真话，但如果你面对的都是历经世事沧桑、见过大场面的老板，那么这个难度又会增大不少。

相对来说，比较容易被打动的是女性客户，她们都很感性，很可能因为某句话说进了她们心里，这一单也就成了。不过一个男销售员想跟女客户推心置腹也不容易，女销售更合适。

总之，一句话说进对方心坎里并不容易，需要多年经验的积累，这是功力，不能急。

6.把拒绝当作耳旁风

我这人有一个习惯，如果第一次去一家店消费，无论如何都要赚点折扣，因为面对的是对方的销售人员，我觉得这是一个挺好的锻炼方法，更主要的是我很了解他们的心理。

前几天刚好快到"3·15消费者权益日"，我跟老婆去一家面馆吃面，这家面馆挺上档次，尤其是价格，随便一碗面就要四十多块。我一进门，服务员就请我坐下，要拿菜单给我。我知道要打折找服务员意义不大，就直接去柜台点餐，他们的主管在那，我笑着问主管："姐，马上都3·15了，你们店里有没有什么活动啊？"她微微一笑，对我说："没有。"

这么多年销售，什么"没有""不买"等等此类话我都自动屏蔽了，我接着问："那我们第一次来你这，有没有优惠啊？"

主管被我逗乐了，说："没有啊。"

我看这有戏，接着追问："今天是我们结婚纪念日哎，总得有点活动吧。"

主管拗不过我了，笑着说："好好好，那我给你的面多加一份面。"

就为了几口面，那我不是白费口舌了吗？我继续说："那你送我们份饮料呗。"

"好的，那就送你们份饮料。"

这办法百试不厌，很多店的优惠和折扣都是靠自己要来的。同样有遭到店家拒绝的情况，但他们肯定不会赶你走，坚持下去一般都能成功。

然而，客户的拒绝可完全是另一回事了。郭浩就遇到过一次，也是我至今为止见过的最严酷的拒绝。

自从郭浩决心在保险公司干下去，发展了不少下线，收了不少徒弟。这些徒弟和他一样，都是外地人，在当地没有亲戚朋友，所以客户资源非常少，靠的都是公司以前老客户的名单。这些客户资源质量参差不齐，要业务员去做的更多都是"擦屁股"的活儿，从这里面筛选客户，消耗的时间成本和人力成本都很大。

郭浩的团队也没有办法，公司资源对于他们就是个宝，但郭浩新入职，市区的好资源基本都被分配完了，留给他的都是些偏远地段的客户。此类客户属于两个极端，不是头脑简单好忽悠，就是一根筋固执得要死。郭浩带着徒弟第一次去拜访就出事了。

那天我在办公室坐着，郭浩突然气喘吁吁地冲进来，进来后就喝水，连续喝了几杯后，坐下来大出一口气。我看他脸色都发青了，问他："怎么搞的，病了？"

他擦擦汗，说："疯了，居然敢拿刀砍我。"

我一惊，问："谁拿刀砍你？"

他呼吸稍微平和了点，跟我把事情从头到尾说了一遍。原来他昨天给几个徒弟上课，教授如何出去拜访客户。徒弟们却纷纷表示这批客户质量太差，乡里的人对他们不信任，很难沟通。他就打算去做个榜样，亲自带着徒弟去拜访客户。

今天早上，他就带着徒弟出去了。要拜访的客户是开孵鸡厂的，三十来岁的男人，孩子才上小学。

我说："这应该是个好资源啊。"

他也这么觉得，直接去找客户了。听说是保险公司的，客户很客气。郭浩知道这地方的人爱吃咸菜，以前都说咸菜容易致癌，虽然已经被辟谣了，但他还是为客户介绍了一款防癌保险，结果客户来了一句："就是我死了后，这钱才给我是吧？"

郭浩本来还怕客户忌讳，听到客户这句话，以为对方很开明，就接着说："是的，这保险就是这样的。"哪晓得客户说那句话，根本不是逗闷子，他立马就翻脸了，站起来对着郭浩一顿臭骂，说郭浩咒他。郭浩先是一愣，还没来得及解释，客户不知道从哪抽了把刀出来就要砍他，一边骂郭浩，一边追着他跑到高速上，还好他体力好才把客户甩掉。我问："你徒弟呢？"

他叹口气："早吓走了。"

我大笑："人没事就好，这种客户也难得见一次，换一个就是。"

郭浩很严肃："不行！这个客户我在徒弟面前是许诺过的，要是不拿下，让我以后怎么带新人，我还得回去！"

我跟他说这个客户情绪激动，这次没砍到你，你要是再去，免不了还是一顿打。这样，你带两个徒弟，我跟你一起去，我们四个人，他至少不敢动手。

郭浩说行，就喊了两个徒弟一起去。事前我跟郭浩说："这个客户矛盾好处理，但是想跟他签一单可就困难了。"

我们到客户家时，他刚好不在，我们四个人就在门口等着。大概半小时后，客户骑着车带着女儿回来，一看到郭浩，张嘴就骂起来："你小子又来干什么……"

郭浩连忙上前，递上名片，跟客户说："季师傅，上次不好意思，匆匆来没带东西。"说着郭浩拿出两罐八宝菜，直接放到客户车筐里。要知道，这可是我妈刚给我寄来的，我还没吃，就被这小子当客情送出去了。

我跟郭浩的两个徒弟站在门口，以防发生意外。客户推着车，也没法拒绝郭浩送礼，两罐子八宝菜就这么送出去了。随后我们什么都没说，略表歉意就准备告辞了。

客户也没反应过来我们这是要干嘛，送个东西就走了？他连忙喊住郭浩："东西你拿走，我不要。"

郭浩说："季师傅，昨天不好意思，我这嘴就是不利索，得罪了。这也不值什么钱，自己家里做的，算我赔礼了。"

这么一说，客户反而不好意思了，说："昨天是我一时激动，对不住你才是。"

我趁机打圆场："季师傅，这也是不打不相识。我看天也晚了，这样，我们一起吃个饭，就当交个朋友。"

客户把车一停，说："那干脆别走了，就在我家吃，我杀几只鸡。"

正合我意，俗话说吃人嘴软，实际并不如此。如果对方愿意和你吃饭，让他请客对我们更有利，因为对方觉得自己付出了，他对双方关系会更珍惜。

饭桌上，客户说："其实我也不是反感保险，你看我这么大一个养鸡场，也得买保险啊。我这人还是很有保险意识的，以前养猪的时候，还给猪买保险，一头猪二十。不过听到什么病啊死啊的，我就麻了牙，我们吃饭归吃饭，这个保险不谈。"

郭浩连忙说是，不谈就不谈。

回去后，我跟郭浩说："看吧，矛盾好解决，想卖份保险给他可不容易。"

郭浩说："慢慢来，你那还有八宝菜吗，再给我几罐。"

之后几天，郭浩都会去给客户送八宝菜，客户还很爱吃这口，跟郭浩在饭桌上喝酒也很聊得来，可一提到保险就翻脸。

这么持续了半个月，郭浩又去给客户送八宝菜，这次一见到客户，郭浩就板着脸说："季老板，这是我最后一次给你送八宝菜了。"

客户问："怎么了？"

"季老板，我知道你不爱听，不过我得说完，你这村子有很多人得癌症，是吧？"

"是的。"

"你知道为什么得癌症吗？"

"不知道。"

"我们保险公司对这个专门做过研究，就是吃这些腌菜吃的，癌症发病率要高很多，我知道你爱吃这个，不过总送你这些，我实在觉得是在害你。"

客户摆摆手，说："那就不吃了，你也别送了。保险什么的，也别跟我谈。"

郭浩又吃了闭门羹。

回来后我跟他说："布这么长一个局都没解决，这个客户看来是没什么切入口啊。"

郭浩不认理，说："这就跟玩游戏打BOSS一样，这个客户我要是拿下了，我觉得以后就没有谈不下来的客户了。"

第二天，郭浩花了两千多块钱，去医院买了三份体检函，跟客户说是公司活动，给客户送了过去。我说你这单子就算签下来了，也不一定能赚回来，他说自己有把握。

还好这次客户没有拒绝，等体检报告单下来，医师建议上写了一条："注意调整饮食结构，以防癌症。"

我问郭浩："这句话怎么来的？"

他说："我拿体检单的时候跟医生说这是我大舅子，平时不注意饮食，家里又有癌症病史，让他帮我加上这么一句。这样的建议既不违规，又对健康有好处，医生就帮了这个忙，还特地跟季老板讲了好多关于防癌的事。"

"那季老板答应买保险了吗？"

"还没有，不过我觉得差不多了。"

体检过后，郭浩又去见了一次客户，客户这次对郭浩的态度好了很多，但对保险还是闭口不谈。

郭浩追这个客户已经半年多了，客户始终没有松口。郭浩的徒弟们也已经换了一批，我问他："追这个客户还有意义吗？"

他没理我，直到我离开保险公司后，他打电话给我，说："铁哥，季老板我拿下了。"

"怎么拿下的？"

"他不是一直不跟我谈保险吗，那我就不谈。我到理赔部那要了张客户癌症的赔付单过来，他去体检复查的时候，我把这个赔了20万的单子给他，几天之后他就自己打电话给我了。"

这天距离季老板砍郭浩已经过了一年零两个月。说实话，我真佩服郭浩的决心跟耐心，看来他天生是做这一行的料。

被拒绝对于销售人员来说是家常便饭，没有异议的一次性成交根本不存在。作为销售人员，要把拒绝当作耳旁风，不能被拒绝影响心态；同时也要学会不断地去处理别人的拒绝，就是说要坚持到客户最终购买为止，中途放弃都会导致这单生意被另一个更高明的销售给抢走。

客户的拒绝主要有四大类：

（1）**拒绝需求**。客户认为自己对产品没有需求，此类客户需要销售人员尽可能激发需求，发生在销售初期。

（2）**拒绝产品**。客户认为产品满足不了他的需求，这种情况，有可能是产品真的不行，比如某些功能上的欠缺。如果不是这种情况，那就是销售人员没有很好地去满足客户的需求，可以让客户尝试，或是举出案例。

（3）**拒绝销售**。客户不认可销售人员，这种情况，说明客户对推销人员不信任，如果是长期交易，可以尝试建立私人关系；如果是短期交易，那就要给客户一点承诺，见过乞丐乞讨的时候把身份证摆在旁边吗？

（4）**拒绝价格**。客户不认可价格，这种情况九成是虚假拒绝，客户实际上是有别的原因。如果真是价格问题，分成两类，一是没有能力购买，二是有更便宜的同类商品。解决方法有两个，贵的说物超所值，便宜说是物美价廉。

其实处理客户的拒绝，不仅仅是靠坚持不懈、软磨硬泡这么简单，我现在认识到，客户的拒绝是常态，最主要的原因是销售前期没有沟通好，才会导致客户拒绝的。有一次去蛋糕店买早餐面包，就遇到一位很会处理客户拒绝的销售员。

我是打算买点切片面包就走的，刚要去结账，一个长相甜美的小姑娘拿着托盘就过来了，对我说："先生，这是我们店里最新推出的巧克力蛋糕，你试吃一下看看。"然后就递给我一个牙签，插着一小块巧克力蛋糕。

我是不喜欢吃巧克力的，但她都送到我手上了，我也没法拒绝，就接过来吃了，小姑娘接着问："味道不错吧？"

这是封闭性的提问，我也只好顺势说："嗯，还不错。"其实味道的确还还可以。

小姑娘很高兴地说："先生，您买两个回去给您爱人吃吧。"说着就接过我手中的购物篮，给我夹了几个。我感觉有点莫名其妙，可就是找不到拒绝的理由，反而自己安慰自己——那就买几个带回去吧。

小姑娘帮我拿好蛋糕，带着我去结账，称重之后跟我说："先生，这个蛋糕是新品，虽然不大，价格还是有点高，买两三个就几十块了。"说完她把账单递给我。我一看，三个小蛋糕一共要七十多，后面还有人在排队，我又不好意思退掉，只能付账走了。

出来后我在想，她是怎么把这么贵的蛋糕卖给我的？要知道，我只是来买早点的，平时也很少买这么贵的蛋糕。其实想想也很简单，小姑娘把我所有可能拒绝的点都提前解决了，从试吃到购买再到议价，她一律提前帮我处理掉了，等我拿到蛋糕的时候，已经没有理由去拒绝了。

在推销之前，将客户可能拒绝的点都想到，这个小姑娘真是不一般。从试吃开始，她就没给我太多时间思考，思路一直都是被她引领着，等到结账时发现价钱太高，但是后面好多客人在排队，国人一般都爱面子，所以很少有人拒绝。

不要小瞧糕点店的店员，她们可能都是很厉害的销售员，常年的工作经验，让她们很容易吃透客户的心理，从而顺利成单。只不过，她们可能自己没有意识到，但并不妨碍她们成单拿提成。

7.以平等的心态对待客户

销售界有一句激励人心的话是：**你和谁打交道，你就是那个阶层的人，卖东西给老百姓，档次就高不起来，你的层次决定你的视野。**这句话鼓动着无数的销售人员往上攀，总想找到大客户，可结果往往是，面对大客户的时候，自己的屌丝本性又露出来，抬不起头，直不起腰，说话都要比平时弱三分。

这让我想起一个笑话：古时候，一个贫农问另一个贫农："你说皇帝每天都干啥啊？""那肯定是每天都吃大肥肉，天天垦地用的都是金锄头，他牵牛的绳都是金丝的！"这个笑话的笑点在于，当你的视野突破不上去，就会以自己阶层的视角去看待所有阶层。

事实上，我接触的高端人士不在少数，我有一种感觉就是：真正有钱有档次的主，都不会在乎自己交往的对象是什么层次的。反而只有低层次的人会把视野局限在自己的阶层，只和自己平级的人打交道，看不起比自己地位低的，所以这些人总想着巴结地位比自己高的人。其实真正高层次的人，都具备很高的素养，不会以地位来选择交往对象。辛苦打拼出来的人，谁家没有一两个穷亲戚，难道发达了之后就不认了？素养高的人，对待任何人，都能做到一视同仁。

很多销售员在面对高端客户时，受到自卑心态的影响，往往过于"谦虚"，结果导致销售失败。他们会在潜意识里对客户进行分类，分出三六九等，当面对高端客户时，就会感到自卑，结果错过了成单的机会。

要知道，越是高端客户，越可能成大单。

我面对的客户中，要说最有钱的是谁，我还真说不出来，不过有一位客户却让我深深体会到有钱的感觉。

客户姓吕，报出名字来百度百科都可以查到，原本就是保险公司的大客户。去新疆自驾游，结果在沙漠里面出了车祸，双腿骨折，在沙漠里没有足够的医疗设备进行治疗。不过大客户就是不一样，我们公司有钻石VIP救助服务，一个电话打过来，公司立刻给他安排了专机。

这么轰动的事件，公司里每个人都知道。我想这个客户这么有钱，不去认识一下实在对不起销售这份职业。而奇怪的是，该客户因为前期在公司购买过保险，原先联系的业务员已经辞职了，后期居然没有人跟进再开发。我把自己想去拜访这个客户的事在会议上讲了出来，结果参加会议的所有人，包括郭浩都对我说：别想了，这么大的客户怎么可能跟你一个小小的业务员见面。

我父母都是做生意的，从小我的生活不算很优越，但也不算差。我心目中还真没有什么地位高低的概念，于是我没理这些人，要了客户的资料，就一个人去拜访客户了。

第一次见面如何吸引客户，是我每次都要考虑的问题。保险之神原一平曾经为了拜访一位大客户，跟踪了一个月，观察他的举止动作和穿着打扮。最后，他穿着一套和客户一模一样的衣服去见面，客户见到他非常惊异，立刻被吸引了，原一平顺利拿下订单。事后原一平还给客户下跪致歉，表示撞衫了很不好意思，不仅得到原谅，那个人还成为他的老客户。殊不知，这只是原一平的销售技巧。

我觉得我要是用这招去见客户不太现实，成本大且效率又低。我去客户的别墅旁边转了一圈，发现客户院子的墙上嵌了个石刻：泰山石敢当。我琢磨这客户祖籍可能是山东人，这么一个高档别墅社区居然安了一个如此不协调的石刻，八成有点迷信。据说不少有钱人都有这癖好，不然也不会那么多达官贵人抢着去上头炷香。可是我对这些东西一窍不通，只好将计就计了。

　　到客户家门前按了三下门铃，没人开门，我跳起来往院子里面看，二楼阳台上有人站着。我疑惑是不是院子太大没听到，就绕到后门去，到后门又敲了几下，还是没人开，这总不能等吧，我脑子一热，就直接翻过院墙，打算去里面喊人。刚上墙还没跳下去，一个声音冷冷地对我说了声："停住，别动。"我抬头一看，差点没把我吓死。吕老板举着把双管猎枪正对着我，好在我应变能力还不错，心里已经是吓得要死，还是脸不红心不跳地掏出名片，对吕老板笑着说："吕老板，我是××保险的徐铁。"吕老板把枪一收，名片一接，突然对我大笑："哈哈，你别装冷静了，肯定吓着了吧！没事，枪是模型，下来吧。"

　　我惊魂未定地跟着吕老板到了客厅，吕老板一边吩咐我坐下，一边去沏了壶茶，摆了两个茶杯在茶几上，说："新茶，才从安徽运来的，尝尝。"我喝了一口，说："这茶好香！"

　　吕老板二话没说，站起来拿了一盒茶叶给我："送给你，带回家尝尝。"

　　经过刚才的事，我知道跟吕老板打交道肯定不能跟往常一样，就没和他客气，接过茶说："谢谢吕老板。"

　　吕老板说："应该谢谢你们公司，不然我搞不好都死在新疆了。这次来有什么事？"

　　"是这样的，我们听说吕老板康复得不错，公司就让我过来看看，是不是还有什么需要服务的。"

　　吕老板说："呵呵，那太麻烦你们了，没什么需要了。"

　　眼看这情况，是打不开什么新局面了，我一边扫视吕老板的客厅，一边找寻话题。客厅是典型的中式风格，还摆了不少的石头。我问："吕老板，这些石头都是干什么用的？"

"这些都是玉。"

"玉？这石头里面有玉吗？"

"是的，这些都是赌石的原石，切开里面就可能有玉。当然有没有得看自己的眼光了。"

我大喜，对吕老板说："看来吕老板对玉很有研究啊。"说着我把脖子上挂的一块玉佩拿下来："吕老板你给看看这块玉，我妈说是我奶奶祖上传下来的，我也不知道真假。"

吕老板接过玉，摸了几下，又透着光看了看，说："是块好玉不假，可惜小了点，这个应该是一串项链上截下来的。你回去问问你妈，这一套玉肯定不止这一块，都搞齐了不是个小数目。"

我谢过吕老板，觉得实在难以跟吕老板找到共同话题，就问："吕老板我听你口音是山东人啊，在外打拼不少年了吧？我这样的年轻人可有不少东西要跟你学习啊。"

吕老板突然来了劲，说："你今年最多二十七八吧，我出来闯的时候可是未成年，十四岁，挑着个担就出去卖皮具了。"

"吕老板是做皮具起家的？"

"最早的时候了，当时也没做多久。后来就和几个兄弟去贩鱼，从浙江北上，什么世面没见过。当时有联防队，联防队你知道么，就相当于合法的黑社会。才到浙江一个小县城里，他们就带着人过来要下我们的货……"这个话题一打开，我就只有点头的份了，吕老板滔滔不绝地把自己的发家史讲了一遍。我差点都忘了自己是来干嘛的，等吕老板讲完，已经过了两个多小时。

我起身告辞，顺便留了一份公司的产品介绍，说："吕老板，你家里这风水摆得不对。石头是好东西，不过俗话说背山面水，你这石头方位摆错了，换个方位，你生意上的难题就能迎刃而解了。您是我们的VIP客户，这是我们今年最新的保险产品介绍，有需要的话可以看一看。"

销售无畏

吕老板接过去，没看，对我说："小伙子还懂点风水，好，我听你一次，换个方位。走，我送你一程。"

接下来就有点夸张了，吕老板派了架直升机过来！我这辈子也就坐过这一次。

几天之后，吕老板打电话喊我过去，对我说："小伙子，你说的果然不错，方位一换，生意上的事就解决了，顺利签了个大单。我支持你们年轻人的工作，当个贵人，给你也签一单！"

这一单帮我顺利拿下了公司的"新人王"称号。

吕老板这样的客户我再没遇到过第二个。签下这单，说起来还是运气居多，不过也让我学到了和大客户打交道必要的几点经验。

首先，如开头所说的，不要过于谦虚。越高端的客户往往待人越平等，拿出平等自信的姿态去和客户聊天，往往会有意想不到的收获。

其次，销售人员经常想出人意料地吸引客户，但往往客户也会出人意料地对待我们，沉着冷静非常重要。

最后，当我们感觉和客户不在一个层次，无论是年龄、性别还是职业经验上，那就不要多说话，去听客户说。多观察客户身边有特征的东西，去询问客户，经常会打开一个切口让客户一说就停不下来。引出客户的兴趣很重要，说白了，人家有的是钱，图的就是高兴，你能让客户开心，他就会让你开心。

8.无痕迹销售

　　吕老板这单签得虽容易，也帮我顺利拿到了公司的新人销售冠军，不过单子很小，只签了5万，这也在意料之中，毕竟客户不是真的因为需求而购买。即使如此，这单也让我获得了公司提供的香港旅游名额。

　　郭浩因为工作出色，也得到了旅行的名额，我和郭浩坐车去火车站，结果遭遇到一次非常厉害的营销，这也是事后我才发觉到的。当时火车站人很多，我们来得比较早，火车还晚点了，我们就在火车站周边转悠，怀念曾经两个人摆地摊的时光。这时一个少数民族打扮的老奶奶引起了我们的注意，她牵着一个小姑娘，挨个跟路人问些什么，不过没人搭理她。等到她问到我们的时候，我才听明白，她是想去南京，不知道怎么买票，我们就带她去售票处。

　　老奶奶看起来年纪很大，不过非常有精气神。买好票后，我们就跟她一起走，她说自己要去南京讲课，给人培训怎么做刺绣，这引起了我们的好奇。她说自己是柯尔克孜族人，住在黑龙江那边，她们民族的特色刺绣，是一门非常古老的技艺。如今很多老祖先的技艺都失传了，刺绣技艺真的需要好好保护，不能再让人给糟蹋了。老奶奶说得有些激动，说自己年轻的时候就一直想做这件事，当时她还在村子里的少数民族办工作，现在退休了，才有精力去做这件事。

　　出于好奇心，我们问有没有样品可以看看。老奶奶颤颤巍巍从包里拿出一件包装好的刺绣，说这个可以追溯到唐朝。她们村子自古就产刺绣，那时候还是皇宫里的贡品，她小的时候，村里嫁娶都会用到这种刺绣做的衣服。

老奶奶今年六十多岁，她说自己十多岁的时候，村子里的人就陆陆续续不做这门手艺了，文革后手艺差点失传。后来村里的年轻人都出外打工去了，不愿再学习这门手艺，只剩下几个老人还掌握着这门技术，但这几位老人也渐渐都离开人世，现在加上她自己，会这手艺的老人不过三四个而已。

我问："那您家人没有学这个吗？"

老奶奶说："我有两个儿子，三个女儿，这手艺以前只传女不传男，两个儿子就没学。三个女儿中，大女儿从小顾家干活，人又老实勤奋，可是手粗了点，这门细活干不下来；三女儿没什么悟性，绣出来的东西不好看；只有二女儿学到点。我还挨家挨户跑，想把这门手艺教给年轻人，可是都没人理我。"

她说最令人伤心的是，当时自己在少数民族办工作，下属有两个小姑娘，她没少提携，一个后来在县委工作，一个在村子里当副村长。她跑了几次县委，想请小姑娘跟县里说说这事，做做宣传，结果小姑娘见都不见她；她又找副村长，希望能拨点款帮助改善下几位有手艺的老人的生活，也遭到白眼。一气之下，她发誓再也不见她们。说到这里，老奶奶眼泪都出来了，说自己为了不让这门手艺失传，吃了多少苦，却被人这么不待见。

老奶奶的故事让我们很感动。她几次哽咽，仿佛多年的委屈瞬间倾泻出来。她说自己把全部积蓄都用在这刺绣上，只为让这门手艺流传下去。后来有个电视台的记者知道情况后进行了报道，才慢慢有人关注。

我们看那刺绣，的确和一般的刺绣不一样，非常有民族特色，而且一看就是手工刺绣，很有艺术感。老奶奶很自豪，说这个刺绣的手艺，要针功非常好，没十几年，不把手指戳破无数次是练不出来的。也难为现在的年轻人不愿学这个了，光是绣一只拇指大的鸟，就要花上几天。随后老奶奶把刺绣拿给我们细看，我们发现这刺绣不仅好看，而且很精致。绣的一匹马，连马后腿的肌肉轮廓都很清楚。我就问了："奶奶，这个刺绣能不能卖点给我们啊？"

老奶奶突然一脸正经，说："这个我是不卖的，本来就是为了传承一门手艺，不想让它商业化，多少次有人来找我谈合作，我都没答应。今天就是想让你们了解了解我们老祖宗的手艺，希望能更好地传承下去。你们摸一摸这刺绣，是不是很软很滑？"

郭浩说："奶奶，我们也想支持这门手艺，可是也捐不出多少钱来，不如你卖点给我们，我们也算尽个心意。"

老奶奶思考半天，才说："那好吧，我带的不多，本来就是要去厦门宣传的，这一张50，多了不卖。"

我跟郭浩一人买了50张，打算带回去送客户。

等到上车后，我们才有点清醒过来：刚才是不是被骗了！转念又想想，老奶奶刚才是不是对我们做了一次营销？

我始终坚信，个人营销的最高境界，就是这样的无痕迹营销。销售于无形，又全程都在销售，但又丝毫没让你感觉到在被推销。

老奶奶在这次可能是营销的过程中，至少做到了无痕迹销售的三大关键点：

（1）通过故事来讲产品，给产品涂上一层感情色彩，讲述这门手艺的传承是多么困难，而且屡次哽咽哭泣（就算是假的我也服了，因为她的确让我们完全进入她的故事，并相信她了）。

（2）她进行的是体验式的营销，让我们接触产品，感受产品，了解了产品的历史和今天的发展状况，这个过程中我们已经认可了老奶奶及她的产品，没有任何怀疑。

（3）最重要的是，她至始至终没有给我们做过任何一次推销，甚至

销售无畏

还明确表示不卖（这其实是饥渴销售），她操控了整个过程。

如果老奶奶真的是在做营销，确实令我们佩服。销售的境界如同张无忌学太极拳，有三个阶段：

第一阶段是学习所有招式。这时候的销售往往是刚入行，学话术，学表情，学肢体语言，学沟通技巧，学拒绝处理，学各种销售的技巧……这个阶段成长最快，销售意图有多有少，成交不多，在实战中并不能很好地使用这些招式，往往事后才想起来使用。

第二阶段是掌握所有招式。这个阶段的销售人员，可以说已经了解了绝大多数的销售技巧，可以看出其他销售员在销售过程中每个举动的含义，懂得客户的每个动作，也能很快做出反应，但销售意图也最为明显。

第三阶段就是忘记所有招式。这个阶段，销售就是聊天，天南地北聊到古往今来，甚至聊天的时候自己都不说一句话，只用点头就能成单，和客户的关系往往更亲密，更像是朋友，客户完全感觉不到被销售了，会心甘情愿地买下产品。

9.好销售一定是个好演员

公司给我们定的旅行社，明显是没舍得花钱，典型的购物游。不过来香港，本来也就是购物，我也没当一回事。

搞笑的是，我们在香港遇到了香港本地人的一次营销。

这次营销没什么亮点，关键就是搞笑，让我深刻地体会到香港同胞肯定没遭遇过大陆的销售人员，太嫩了。

我们刚到酒店，郭浩才换上衣服，打算出门吃饭，就有人敲门。

我去开门，门口是一个二十来岁穿西服的年轻男人，操着一口港味十足的普通话，对我们说："两位先生，请问是徐铁和郭浩吗？"

我以为他是酒店服务员，对他说："是的，有什么事？"

他一脸兴奋："太好了，我们老板刚才在楼下看到两位，觉得非常亲切，就让我来问问两位祖籍在什么地方？"

我跟郭浩都是山东人，就跟他说祖籍山东。

他更兴奋了，大声对我们说："果然如此，我们老板就是山东人，解放后举家来香港，看到两位就觉得有家乡的感觉，特别想认识两位，给两位送一份礼品。"

我跟郭浩对视一眼，心想着也巧得太不靠谱了吧，不过看这人一脸兴奋，就对他说："礼品就算了，认识认识还是可以的。"

"两位稍等，我马上请老板上来。"

他走后，郭浩问我："这演的是哪一出？"

我说："看看再说吧，我也搞不清。"

不一会，楼道传来一连串急促的脚步声，我伸头一看，六七个穿西服的人列队跑到我们房间门口，分成两排像仪仗队一样站好，齐声喊："欢迎老板！"

我寻思着难道真是遇到大老板认老乡了？排场这么夸张？

正想着，刚才那个年轻人带着一个五大三粗的穿着花衬衫的男人走过来。我原以为他会说一口山东话，结果还是一口港味十足的普通话，他双手一捧，说："两位就是徐铁和郭浩吗？"

"是的，您贵姓？"

他摆摆手，说："不敢不敢，我姓孙，今天见到两位实在是缘分。我祖籍山东，跟两位是老乡，多年未回大陆，不知道家乡近况，不过也是心系老乡，特地给两位送上一份薄礼。"

要不是我看他腰间别着个手机，我还以为自己穿越回哪个朝代了呢。

说着他挥挥手，门口站着的仪仗队里出来两个人，一人手捧一块半个巴掌大小的玉，玉上系着红丝带，递到我跟郭浩面前。孙老板继续说："我在香港生意做得还算可以，这两块玉不算贵重，送给两位当作见面礼。"

好在我和吕老板打交道也有一段时间，学了点关于相玉的知识。这两块一看就是人工做的，这时候我大概也猜到这伙人不是正经来路，可还是不知道他们到底想干什么，于是我不动声色，说："孙老板，这个东西太贵重了，我们承担不起。"

孙老板一脸不高兴，好像被人看不起了一样，说："两位不要小看我孙某人，这两块玉我就是送给两位老乡，没有别的意思。"

我以为他会让我们觉得不好意思，然后自动掏钱。看来不是这样，不过我们肯定不能收，收了就不知道他后面要我们干嘛，郭浩也看出这帮人是在演戏，而且演技拙劣，差点就笑场了，他把玉一推，说："孙老板，这东西我们真不能收。"

所谓的孙老板摆摆手，让两个人把玉收回去，然后说："这么贵重我也知道你们不好意思收，我们老乡也不在乎这个，那这样吧，我送两位一点纪念品。"说着，又让两个人捧了两块玉上来，还是人工的，只是这两块只有拇指大小。

"这下两位不推辞了吧，算我孙某人一点心意。"

我是在大陆活了快三十年，江湖又不是没闯过，打死不会相信有天上掉馅饼的事。不过这东西也不大，要是再不收，这面子上也闹不过去，于是，我跟郭浩谢过孙老板，收下了纪念品。

孙老板很高兴，对着门外喊："拿上来。"

我疑惑又要搞哪一出，只见又有两个人抱着一个红纸箱上了楼，放在我跟郭浩面前。孙老板这时候说："两位老乡很豪爽，孙某不才，在香港办了一个山东老乡会，担任会长一职，得到不少大陆老乡的支持。这老乡会也不盈利，运作全靠孙某一人，近来资金紧张，恐怕难以为继，不少老乡发起捐款，只为把这老乡会运作下去。这不是无偿捐款，孙某会把自己珍藏的玉送给大家做回馈。两位老乡如此豪爽，希望能尽一点薄力，不在乎多少，关键是一份心意。"

现在我终于知道你要干嘛了，也难为你用这么大排场演这出戏，这人力成本不知道收不收得回来。不过就拿了这么小一个人工玉，也别指望我出多少钱。我跟孙老板说你等一会，就跟郭浩到房间去找了张报纸，包裹得厚厚一沓，里面塞了几块钱。孙老板看到这么厚一沓，兴奋得说不出话，握着我的手一个劲的摇。

孙老板走后，我跟郭浩去吃饭，发现同行的人基本上都带着一块玉，还有人很兴奋地告诉同伴，说遇到了一个香港的老乡。

香港人的演技我不想多说，因为实在是太差了，那么多香港好电影，怎么这个销售演技这么差。人生无处不销售，有人说销售锻炼出来的就是

销售无畏

见人说人话，见鬼说鬼话，这话不公正，但也是有道理的。

销售和演员非常像，一是在不同的销售情景下，销售人员需要有不同的情绪表现。正如演员要演出喜怒哀乐来，我们的情绪会感染客户，如果情绪很假，客户也能感受得出来，所以好销售一定是一个好演员。

另一方面，销售人员不止是销售，还可以是幽默的演说家，同时还是严肃的分析员；可以是感性的理想主义者，同时还是逻辑严密的理性人。销售人员的角色越多，能接触的客户就越多。就和演员一样，戏路越宽的演员，好人恶人喜剧悲剧都能演，比如梁家辉。

想成为一名出色的销售人员，关键的就是能带入情境，能根据客户的不同类型，扮演不同类型的销售。保险之神原一平总结说自己有38种不同的笑容，都是练出来的，面对不同的客户能随时展露出不一样的微笑。训练方法就是每次会见客户前，都对着镜子演练，镜子里的模样就是客户看到我们的模样，长此以往，一定能有一个让自己和客户都满意的形象。

想做好销售，就先做一名好演员，如何成为一名会表演的销售人员呢？

（1）扎实的演技。拙劣的演技是很难成单的，一个成功的销售人员必须具备扎实的表演功底，能够声情并茂地介绍自己的产品，能够跟客户很快混成熟人。总之，演员平时怎么练，销售也可以跟着练。

（2）不唱独角戏。独角戏再精彩也没意思，对手戏才好看，这也是我总是拉着郭浩一起销售的原因，一唱一和，更容易说服客户。

（3）硬件条件过硬。演员靠的是演技，同时也靠脸蛋，个人形象不好的演员演不了偶像派，而实力派的竞争又太激烈，所以还要在自身形象上下功夫。硬件条件对于销售来说，指的是个人着装、公司实力、产品好坏、人员素质等等，其中最重要的就是人员素质，很多时候，销售卖的不是产品而是人品。

10.沉着冷静，落袋为安

我在保险公司待的时间不长，接下来要讲的这个故事虽然发生在我和郭浩身上，可当时我们并没有意识到。直到几年之后又遇到那位客户，她提到这事，我们才知道当时那单为什么没有签成，唏嘘不已。现在郭浩还在保险公司，已经是大区总监。他告诉我，每次他去培训，都会讲到这个故事。

那是我和郭浩来到保险公司的第二个月，因为前期有一定的销售经验，又跑过市场，跑过客户，这份工作在我们看来并不算太辛苦。相比耿老板的店来说，这里还不用上下班打卡，只要每个月能够成单，按时把单子交上来，就没人管你。

虽然工作时间自由，但客户源不一样了。培训老师说人人都是准客户，所以对每个人都可以推销保险。有经验的人一听就明白，这都是培训师的废话，是他们专门给新人做培训时的套话，没多大意义。

2002年那会，家家都装了防盗门，敲门推销已经非常难做了，大多数人连门都不开，只是透过防盗门喊一嗓子"你是谁"，知道是卖保险的，直接就让你滚了。这对于新人的摧残力度是很大的，有些心理素质不行的推销员，被骂了一两次就放弃了。

相比当年一天可以收集200个客户名单，现在一天最多也就20个，而且完全不可能指望客户会像买电脑那样主动咨询保险事宜，更别说购买了。还好，我和郭浩因为前期有一定的销售经验，再加上内心还算强大，都能扛下来。当年卖电脑跑客户时也遇到过类似情况，所以我们并不当一回事。

这天我们也是在扫楼，来到一片比较老旧的居民楼，应该是老干部的住宅区。小区很旧，住户却都是有钱人。我们扫了三栋楼，都无功而返，连个电话号码都没收集到，心想这个小区应该是不行了，打算换个地方。

很多人认为扫楼是浪费时间，完全没意义。其实，扫楼不仅是一件体力活儿，也是很讲技巧的，别以为我们只是漫无目的地打发时间。我们并不是所有楼都跑，主要针对家里有小孩的客户，所以一般都会提前去踩点，尤其是晴天日照充足的时候，因为可以看到每家窗台上晒的都是什么衣服，有小孩衣服的就记录下来，然后第二天去跑。

这是题外话，接着往下讲。就在我们打算回公司的时候，看到一户人家养的两只拉布拉多犬正在向一个乞丐在狂吠。俗话说打狗看主人，能养这么大狗的，肯定不是穷人，况且还是两只。郭浩立马来了兴趣，拉着我就要去敲门。我从小就怕狗，死活不愿去，郭浩说："好，那你在这等我，我自己去。"

我在门口蹲着，抽了根烟的功夫，郭浩就出来了。我问他："怎么样？"

他说："别提了，我敲了半天门才开，结果那女的在洗澡，裹了个浴巾就来给我开门。"

"哈哈，那你是享艳福了。"

"比我妈年纪都大，还享福？"他吐了口痰，"不过，肯定是有钱人，绝对拉过皮整过容。"

我佩服郭浩的就是他非常专业的销售精神，即使这种情况下，他还是把名片留给了那位女客户。

第二天，我刚吃早饭，郭浩已经从公司回来了，一脸苦相，我问他是不是丢钱了。他把手机往沙发上一扔，说："昨天真不该留名片，她居然给我打电话了？"

"哪个客户啊？"

"那个女的。"

"哪个？"

"裹浴巾的那个。"他往沙发上一躺，说："今天她给我打电话，问我是不是保险公司的，我说是的，她说想了解下医疗保险怎么买，我还没给她介绍，她就说让我下午到她家里去。"

我乐了，"这意思是她看上你了？"

"扯什么淡，她要是把昨天那事跟她老公说了，喊我是想把我打一顿怎么办？"

"这也有可能……哈哈。"

"你下午陪我一起去。"

我还算够义气，明知道客户家有两条恶狗，还有可能被打，还是冒着险陪郭浩去了。

客户姓贺，我们还没敲门，家里的两条狗就叫了起来。客户把两只狗栓在了阳台，请我们进去，我心里稍微踏实了点。

这客户的确是有钱人，小区虽然很旧，但是一看装修就很高档，跟其他人家完全不是一个档次。一般一楼都是一单元两户，有些还有一单元三户的，而这栋楼下面连续三个单元，加上二楼都是她家的！也就是说，这栋楼的一二层就是一栋别墅。

"贺姐，你家真大，这叫大隐隐于市，在外面都看不出来。"我开口先称赞客户，这是最基本的销售技巧，打开客户话匣子。虽然谁都听得出来是恭维，但这的确是事实，所以一般的客户都不会感到厌烦。

"一般般了，这小区是我先生开发的，当时特意把这栋楼建成这样子给自己住的。"贺姐有五十岁了，谈吐打扮很时髦，一点都不落潮

销售无畏

流。客套话说完，贺姐就直奔主题："我跟先生的年纪也大了，孩子都在外工作。我们是做生意的，也没有固定单位，没有社保，年纪大了也怕以后生个病什么的，最近身边这样的朋友太多了。我想问问现在医疗保险是什么情况？"

我们一听就意识到，这可是优质客户，明确的需求，足够的经济能力，只要给她一个产品，让她信任我们，购买几率是非常大的。我觉得郭浩是捡到宝了，这个客户签下来之后，可以带动一大圈的转介绍客户。

客户素质高，洽谈就很容易，这一单聊得轻松愉快，讲解完产品，贺姐询问后期理赔和服务情况，一一解决之后，贺姐决定要买20000元的保险，再给她先生买一份，总共40000元。

我告诉贺姐需要提供身份证和银行卡，她起身就去房间里拿。郭浩跟我坐在客厅，他明显按捺不住签单的兴奋，尤其是这么大一单，光提成就上万了，他笑得嘴都咧开了。

贺姐回来后，说身份证不在家，要不下次再拿吧。

我们想这没办法，只能下次了，于是就告辞了。

回去后，郭浩接到贺姐电话，说跟老公商量之后不打算办理了，郭浩在电话里劝说半天都没用，我跟他又去贺姐家跑了几次，都没有效果，贺姐索性后来连电话都不接了，这单子就这么莫名其妙地黄掉了。

我和郭浩事后总结，推测了很多原因，老公反对，同行搅局等等，最后也没弄明白。事后郭浩又是送礼品又是搞活动，可是贺姐就是没再提过保险的事。我们慢慢也就淡忘了这件事。

几年后，我又重回故地出差，在一家咖啡店喝下午茶的时候，刚好遇到了贺姐，她没什么变化，甚至感觉更年轻了，我上前打招呼："贺姐，真巧啊。"

贺姐一愣："你是……徐经理是吧。"

"贺姐好记性，还记得我。几年没见，贺姐你真是越过越年轻啊。"

"哪有，你小伙子才长大了，最近怎么样，还在保险公司？"

"不在了，现在做计算机软件。"

寒暄几句后，我们就各自走开了，我突然想起件事，回头喊："贺姐，等等，问你件事。"

"什么事？"

"当时到底什么是原因，让你最后没有买那份保险？"

贺姐眉毛一挑，笑着对我说："其实也没什么，现在想想也好笑。你还记得我去拿身份证吧。"

我说记得。

"其实我身份证就在家里，我打开柜子的时候，柜子里有面镜子，刚好照到你那个朋友。我在镜子里面看到他咧着嘴笑，卖份保险而已，至于那么高兴吗，是赚了我多少钱？我是做生意的，对销售提成没什么意见，可当时看见他笑的样子，突然就火得不得了，于是就不打算买了。"

晚上郭浩请我吃饭，我告诉他今天遇到贺姐了，把这件事告诉了他。

现在我们终于能够理解了，销售，一定要记住：即使客户已经签单，也有可能退货反悔。细节决定成败，任何一个细微的动作不到位，都可能会导致签单失败。

客户同意签单之后，销售员就笑逐颜开，乐得合不拢嘴，即便不会让人反感，也会引起客户的疑心。至少说明签这一单，销售员的提成不少，也就是说里面的水分很大，这就会引起很多性格谨慎客户的疑心，"原来里面利润那么大""看来这一单他们没少赚我钱""不行，还是货比三家再说吧"……销售员表现得如此不专业，也难怪最终不能成单了。

作为销售，无论签单与否，切忌大喜大悲。一个好销售可以是一个好

销售无畏

演员，但到了签单的时候一定要表现出专业性，至少让客户看到你的专业性，这会给他们一种感觉，谁买都一样，这是公司的固定程序，客户心理也就会放心了。

所以说，销售人员一定要淡定，在谈判的时候务必沉着冷静。在客户签字之前，决不可掉以轻心，就算是签了字，还有很多客户会毁约、退货，后期的维护也必须跟上才行。

11.行业选择，销售有道

离开保险行业的主要原因是我父母逼我回老家相亲结婚。结婚这事我倒是没考虑，不过在外这么些年，的确也想回家了。郭浩已经能够独挑大梁，不再需要和我搭档了，我在保险行业没有看到多好的发展前景，也该继续寻找自己的出路了。于是，我与郭浩告别，背起行囊回家了。

在离开前，我也想了一个问题，保险行业既能解决客户的复杂问题，又是一个非常看重销售人员个人技能的行业，完全符合我当时对销售行业的理解与追求，可为什么我总是觉得保险销售让我很不舒服呢？

郭浩的两个徒弟给了我答案。

张艳和肖圆圆两个人都是在我离开公司前一个月加入郭浩团队的，两个姑娘都是在外独自拼搏，二十来岁也都没有结婚。两个女孩给人完全不同的感觉，简单点说，张艳属于那种很"灵活"的人，而肖圆圆则有点木讷。

这一点，在工作中表现得非常明显。经过培训，肖圆圆学产品，背话术，对不理解的问题喜欢寻根问底，她接触的客户无一不称赞她的服务好，可她就是不成单。

张艳文化水平不高，签单却非常多。不过通过跟她聊天发现，她连产品的基本形态都讲不清楚。

虽说对产品专业程度的了解对于销售业绩的影响并不大，但这种情况在我看来还是太反常了。我现在终于意识到自己为什么不喜欢保险销售这行了：这是一个逆向反馈的销售！

我们学习销售技巧，熟练使用销售技能，向客户介绍产品，从理论上来说，我们做得越到位，做得越对，客户购买的可能性就越大，这就是正面反馈；但保险行业不同，很多情况下，你做得越对，产品介绍得越专业，就越没法签单，反而会走歪路。而忽悠客户可以得到更大的收益，这就是逆向反馈。这样的行业对于销售技能的成长没有任何作用，反而会对个人的职业生涯带来负面的影响，从长远的角度来讲，完全是弊大于利。

一位赴美访问的中国学者，在一家文具店选购了一台打印机。正当他准备付钱时，收银员却对他说："先生，我不建议你购买，因为这台打印机就是中国生产的，您回国购买肯定会更便宜。"说罢，收银员为其展示了"Made in China"的字样。

学者十分惊讶，为什么收银员会这样说，如果能做成这笔生意，公司不仅赚了钱，他还能拿到提成，这不是很好吗?学者陷入了深思。

实际上，更多美国商家更在乎赢取顾客的心，为的是回头客。美国强大的舆论力量和完备的法律体系，真正保障了顾客至上的理念，所谓赚钱赚心。

相比之下，国内商家做的就不够好，很多生意人唯利是图。他们绞尽脑汁，为的就是把顾客口袋里的钱掏出来，而类似主动送上门来的生意，像美国收银员那样拒绝掉，简直是不可想象的。甚至有些商家还会变着法儿地欺骗顾客，以打折促销为例，每逢过节，商家都会打出"促销"的牌子，如果你仔细观察就会发现，很多商品的"促销价"会比平时的促销价还高。消费者不是傻子，一次两次吃亏上当，时间久了就会对商家失去信赖，最终吃亏的还是商家自身，这也是国内很多中小企业做不长久的原因。

对于销售这行也是如此，我可以依靠坑蒙拐骗的伎俩获得短时利益，但我是以销售作为终身职业的，希望在这一行做出成绩，所以像保险行业这种逆向反馈式的销售并不适合我。

　　跟郭浩吃完饭，我踏上了回家的路。回想一下，从毕业后卖电脑、摆地摊到卖保险，我已经在外漂泊六年了，也该回家看看了。

超市攻关记
PART 4

1.从销售进入销售管理

回老家后，父母开始给我安排相亲，一事无成的我根本没有结婚的打算。正该拼搏的年纪怎能被谈婚论嫁的事情干扰，于是就以找工作为由推辞了。然而工作并不好找，我爸看我每天在家上网打游戏也不是个法子，就说先到他厂里去上班。

我父亲兄弟三人，一起经营一家食品公司，主要做腌制泡菜。我大伯负责业务，二伯纯属混子，我父亲最小，负责工厂里的员工管理。当时公司开得还挺大，业务链很多，不仅做泡菜，还做各种二次加工品，像罐头、挂面什么的。后来我爸建议投资房地产，大伯不同意，十年后，公司也就靠着出租地皮赚点钱了。

我爸让我去厂里面管理工人，这活我不喜欢干，就去找大伯，说给我安排个别的活。大伯跟我爸心疼我，觉得我在外面做了这么久的销售，回来跑渠道太累，不如就做个内勤。我当时就拒绝了，一家公司的核心就是业务部门，生产配送做得再好，如果产品卖不出去，那就没有意义，这也是为什么大多数公司老总都是业务出身的原因。

我跟大伯说："我也没什么经验，就从最基层的销售做起，派我去下面哪个乡县跑跑渠道吧。"

大伯一愣，说："自己人不能这么苦啊！你小子有想法，这样吧，我们最近在白莫镇那跑渠道，那边还没同业竞争，你先过去跑点成绩出来，到时也好把你调上来。"

家族企业的好处就在这里，上层下层沟通成本低，基本都很信任；缺点也在这里，任人唯亲会把一大堆没有能力的人安排到岗位上，会拖累企业整体的发展，优秀的人才会越来越少，典型的劣币驱逐良币。

白莫镇的市场并不难做，正如大伯所说，那边就一家大超市，几个批发商，而且当地没有别的同业机构，基本上没人竞争。可是问题就在于负责白莫镇市场的人是大伯远方亲戚的儿子程来喜，除了吃喝嫖赌外啥事都不会。派我去的目的一是把市场做下来，另一方面我猜就是等我出了成绩，就可以顺理成章地赶人了。

我当天下午就去了白莫镇，大伯已经跟下面打好招呼，说安排一个经理过来帮忙开发市场。

我晚上一到，程来喜就带着两个业务员来给我接风。当地的土菜味道真不错，饭桌上程来喜一点业务没谈，吃完后就去唱KTV，一直玩到十二点。看这样子我大概清楚了这里的状况，没说什么。

第二天一早，我到办事处开会，才到会场，发现程来喜已经带着两个业务员先到了，他坐主席位，两个业务员坐旁边。会议室本来就不大，长桌子配六个座位，财务和行政两个姑娘各坐一个，只留了个次席给我。

"来者不善啊。"我心里想着，直接走到投影仪旁边，也没坐下，对他们说："昨晚大家差不多都认识我了，这里我还是重新介绍一下自己，我叫徐铁，业务员一个，这次过来就是来跑业务。"

会议开始，两个业务员开始汇报白莫镇市场的开拓情况，主要也就是汇报困难了，"公关费用不足""超市不愿进货""当地人口味跟我们的产品有差异"……都是老生常谈的东西。

听完汇报，我说："目前白莫镇的困难很多，总部那边也了解，让我过来就是和大家一起打下这个市场，陈杰、刘书平你们两个下午就跟我一起去跑跑渠道，先打下一个点再说。"

会议很快结束，散会后程来喜就带着陈杰和刘书平两个业务员打牌去了。看来不把程来喜先弄走我是没法做出成绩来，这些人也不会认我这个领导。想在企业打压别人，第一个办法就是查账，我去找财务汪清聊天，问她平时主要工作是什么，汪清说："事情好杂，办事处人手不够，我一个人要做财务人事两个人的活，最近忙的就是给程经理办社保。"

"哦？他都来这么久了社保还没办呢？"

"他原来的单位不提供离职证明，社保断了几个月，续交很麻烦，这小地方社保局办事效率又低，他都催我好多次了。"

我找到机会了。

第二天，总部就接到劳动局调查，说有人写信投诉举报来公司入职半年了还不给办社保。

本来跟劳动局领导吃个饭也就没事了，不过大伯一下就火了，立刻开始调查是谁举报的，层层查下来，发现公司就程来喜的社保一直没办，不用说，立刻给开走了。

虽然这招挺阴的，但是在家族企业中，这样的明争暗斗很常见，何况也是为了公司好，如果这种人耗在这里不走，公司早晚会被拖垮。

程来喜一走，陈杰和刘书平两个业务员对我的态度发生了很大改变，他们的业务水平一般，我是真不想用，可是再招人时间成本太高，为了快点做出业绩我也顾不了那么多了。

从这时开始，我便从以往的个人营销转向企业营销，从销售转向销售管理。同样是销售，其实都是和人打交道，技巧没什么大变化，唯一不同的是，个人销售就像一个习武者练功，功夫越强越能打，讲究的是单打独斗；企业销售则是一场战争，是军师带着一个军队，层层布局，运筹帷幄，光凭个人能力是不够的，整个团队上下都得配合到位才能完成销售。

至此，我成功完成了转型，虽然靠的是关系，用的是手段，但无论如何，对于我个人的职业发展，这都是非常重要的一步。

2.复杂的局势要找到缺口

企业销售最困难的是对于客户的掌控部分，和个人销售不同，就那么几个客户，天天追着都行，时间久了什么都能打探出来。而企业里面的关系错综复杂，对于新人来说，我是不建议入行就做企业销售的，因为如果你失败了，不会单纯因为你的销售技能不够，更有可能是因为错综复杂的人际关系；而你成功了，可能都找不出原因，因果关系太难梳理。

白莫镇最大的超市是家乐福，也是程来喜他们一直重点公关的地方。我跟陈杰和刘书平两个问好情况，带着名片和几袋泡菜前去拜访。到了超市，我先去超市的泡菜区逛了一圈，发现只有很普通的榨菜，生产日期也已经是半年之前了。

陈杰把我带到超市的大办公室，采购部主任在最左边一间，陈杰敲开门，跟主任介绍："黄主任，这是我们徐经理，特地来拜访您。"我递过名片："你好，我是宏望公司的徐铁。"黄主任坐在办公桌后接过名片，看都没看，直接说："上次你们不是有人来过吗，我跟他说了，我们进货都是总公司直接配送，你们当地企业我们不进货的。"

遇到这么直接的人就没必要寒暄了，我说："黄主任，我刚顺路看了下你们的泡菜区，种类不多，我们作为当地企业，在口味和口碑上还是很有优势的，当地人都很喜欢吃。"

说完我拿出几袋泡菜，说："黄主任你也是本地人吧，我送你几袋尝尝。"说完我就招呼陈杰走了。

出了门，我就意识到为什么陈杰他们一直没能拿下这笔单子，因为像黄主任这样的企业内部工作人员没拿到好处，谁会管你的闲事。

想要把产品打入超市，一定要让超市的工作人员拿到实惠，他们看重的其实是这笔买卖能不能让自己获得更高的收入、能不能让领导重视他、会不会带来升职的机会。黄主任对于供应商主动的拜访无动于衷，不外乎两个原因，一是利润太少，二是利润跟他没多大关系。

为了以防万一，我带陈杰和刘书平去吃午饭，问他们："你们从哪得到消息说家乐福要采购泡菜的？会不会真是像黄主任说的，他们是直接从总公司发货？"

刘书平说："徐经理，这就是你对下面市场不了解了，他们超市在地方都是有权利自己采购当地商品的，也是为了提升在当地的市场份额。他们采购部的王君阳是我同学，这消息百分百不假。"

我问："那你同学知道为什么黄主任不把我们当一回事吗？"

刘书平有点不好意思，说："上次打牌欠他三百块钱还没给，我没问他。"

所以说队友真的很重要，要是郭浩的话肯定不会出现这情况。吃完饭，刘书平把他同学的联系方式给我，我让他们俩先去跑跑批发商，我自己折回家乐福。

我没去找黄主任，拿了名片和几袋泡菜直接去找王君阳，王君阳接过名片，很诧异："你是宏望公司的？"我说是的。他说："最近我们想采购一批泡菜，你们怎么都没人来啊？"我故作吃惊，说："来过了啊，不过黄主任说你们直接从总部发货。"

王君阳说："这事你别找黄主任，下次带点样品来，直接找销售部的牛经理，他负责这次采购。"

我说："牛经理办公室在哪，我现在就去。"

"他出差去了，三天后才回来。"

消息了解得差不多，我就告辞要走了，刚走到门口，我回头喊："王经理，还有件事。"

"什么事？"

"刚才刘书平让我把三百块钱给你，我差点忘了。"说着我掏了三百块给他。

王君阳说："怎么还特地让徐经理你带来，我都不记得这事了。"人和人的关系不一定靠送礼，其实更多的关系就是在这种相互交往中形成的，做了帮他同学送钱这事后，王君阳就不会把我当成外人了。

回到公司，我跟财务汪清说："把刘书平这个月工资扣三百块。"然后给王君阳打了个电话，说请他来我们公司参观下。他说："这没必要吧，我只是个采购员。"

我说："就是采购你才更应该来视察啊，把我们介绍给牛经理也是一大业绩啊。"

他呵呵笑，说："那好，明天见，我还没去过刘书平的公司呢。"

攻关一家企业，如同带兵冲锋陷阵，一定要找到一个缺口，这个缺口可以是客户企业内和我们关系好的人，或是好打交道的人。通过这个人，我们至少可以做到两件事，一是打探信息，企业内谁拍板，拍板人有什么爱好，谁和谁有矛盾等等这些事都是我们外部人没法了解的；另一件事就是协助引荐，我们直接约不到的人，可以通过中间人帮我们约，如果他不方便约，我们也能知道客户的行程。

3.提前计划及时追踪

跟王君阳吃喝了三天，我掌握到三点关于销售部牛经理的信息：

（1）牛经理今年三十四，是新晋升的销售部经理；

（2）牛经理管理严格，员工都挺怕他；

（3）牛经理好面子。

实话实说，这三点信息已经足够去运作一些事，可是还不够，我心中一直有一个问题没解开：一般超市都是采购部负责采购，为什么家乐福却是销售部经理个人负责。王君阳说他才来一年，也不清楚其中缘由。

我问王君阳："之前采购别的产品出现过这类情况吗？"

王君阳说："也有过，有时候是牛经理负责，有时候是黄经理负责，虽然我们采购、销售分两个部门，不过人手不多，实际上我这样的小员工都是两边事都做。"

我们在见客户之前，千万不要毫无准备，想着到时随机应变就好，可真到了那时候，就不一定了。人有急智，可更多的是急傻，客户问出一个没遇见过的问题，很可能没解答好就黄了一笔单子。牛经理还有两天回来，我让陈杰和刘书平整理资料，一方面搜集家乐福以前的采购流程，一方面分析白莫市场和产品，把我们的泡菜在这里的优势劣势都罗列出来，再罗列出劣势可能产生的问题和相应的处理办法，直到我们想不出别的问题为止。

因为长时间不出单，陈杰和刘书平两个人一点做营销的劲都没有，这让我很气愤，我觉得做营销的人身上都很有精气神，这两人死气沉沉的样子让我非常难受，可能也是和程来喜待久了，还没从舒适的环境中缓过来。为了鼓励陈杰和刘书平主动开拓市场，我在这两天也没闲着，开着车带他们去白莫镇的各个村子找批发商进行洽谈。

这天晚上，我吃过饭，陈杰带着几罐啤酒笑着回来，一见到我就说："徐经理，你说巧不巧，刚我一个人去吃烧烤，旁边座位也是一个人，就跟我一起喝酒，喝完拿了名片才知道他是长途汽车站门口批发部的老板。"

我问："这个批发部你跑过吗？"

他说："还没呢，我下周经过那去看看。"

我说："你有没有留名片给他？"

"刚才没带名片，就没留了。"

我说："那你别等了，明天一早就跟他联系。"

第二天，陈杰一来公司，我就催着他打电话，他百般无奈，只好当着我的面开免提："张师傅，你好啊。"

"你好，请问是哪位？"

"昨晚我们一起吃的烧烤，张师傅你还记得我吧？"

"哦，记得记得，有什么事吗？"

"是这样的，我是宏望公司的，最近我们公司有一批礼品装的泡菜，想带给你看看，我们这泡菜不少人都买回去送人的。"

"随你便，我有事先忙了，再说。"电话挂了。

陈杰放下电话，扁着脸跟我说："看吧，没用的。"

我说："你见过有谁打一次电话就成功的？别急，牛经理后天才回来，回来前你就追这个单子，去给那个老板送盒样品。"

安排好陈杰，我又打电话给王君阳。王君阳最近跟我走的近，他都有点不好意思了："铁哥，你别急啊，我正帮你打探呢。"

我说："这我不急不行啊，牛经理后天就回来了。"

王君阳说："可我真不知道为什么啊，上半年泡菜还是黄主任采购的，下半年就换人了，上面变化这么快，我们小员工哪知道为什么。"

我像被提醒到了什么，问："你说上半年泡菜是黄主任采购的？"

"是的啊。"

"太好了，阳哥你帮了我大忙了。"

放下电话，我立刻开车去家乐福，到了家乐福就去找黄主任，黄主任见我又来了，抬头就说："那个……徐经理是吧，我这实在没办法，你怎么来找我也没用的。"

我装作有点生气，说："黄主任，我们的产品在这一块口碑好，各地销售额都挺高。"说完我拿出做好的产品采购建议书，黄主任也不好太冷淡，接过去看了看，突然说："你们这泡菜这么贵？是我们原价的两倍都不止了，这样我们没利润的。"

我说："黄主任，我们这泡菜就是这个价的。"

黄主任说："你从市里来不知道乡镇情况，泡菜卖这贵，这里的人不会买的。我还忙着，你先走吧。"

出了办公室，我把建议书给王君阳，让他给部门每个人都发一份，还留一份明天给牛经理。

刚走出超市，王君阳就追了上来，跟我说："铁哥，你们这报价太高了吧，这价格就算牛经理回来也不可能采购的，我跟你说，你这至少得打半折还不止。"

我说："阳兄弟，我知道你想帮我，没关系的，你明天就这么给牛经理。"

"你是打算故意报高价然后降价吗？采购还没定呢，这么做有什么意义？"

我说："那倒不是，我真按这个价报你们还说我骗子呢，放心吧，到时还是按原价。"

王君阳半信半疑地走了。

回到公司，陈杰一脸兴奋地跑过来，说："徐经理，你说的太对了，刚我顺路经过那家批发部，就去送了一盒样品给老板，老板觉得不错，说打算定一批货。"

我问："你什么时候去的？"

他说："两个小时前。"

我说："现在立刻打电话，说给老板送货。"

陈杰很疑虑："这么逼着人家好么？"

我说："你信我的，打。"

陈杰拨通电话，说："是张师傅吗？"

"是啊，你哪位？"

"张师傅真是贵人多忘事，我下午才给你送的货啊。"

"哦哦哦，那个宏望公司的是吧。"

"是的啊，张师傅你不是说样品不错，要一批货吗，我这边给你送过去，你看先送二百盒还是三百盒。"

"那个……你先送两百盒过来吧。"

"好，那我马上给你送过去。"挂了电话，陈杰对我一脸敬佩："徐经理，你都没见过这个客户，怎么知道他会买呢？"

我说："我不知道，我只知道对于客户一定要及时追踪，这个客户你才遇到的，要不及时追，他没一会就把你忘了，趁着一起喝过酒的热乎劲做个小单子下来问题不大，就看你敢不敢去追这个单子，我逼着你去做，这个单子就是稳的。"

陈杰似懂非懂，说："及时追就是了嘛，我去送货了，谢谢徐经理。"

当天晚上，王君阳给我打电话，把牛经理明天的行程安排告诉我：九点上班，九点半开始开会，一直到十一点结束，下午又会出去不在办公室，留给我的时间只有十一点到十二点。

我跟刘书平在十点半就到了家乐福，等了半小时，王君阳一看散会了，就立刻把我们引到牛经理办公室："牛经理，这是宏望公司的徐经理。"引荐过后，王君阳就出去把风了，我提前招呼他，这一个小时千万别让任何人进来打扰。

我跟牛经理握过手，说："牛经理我们俩差距真是大。"

牛经理问："什么差距大？"

我说："我看你跟我差不多年纪，你都是总经理了，我还在外面当个小业务员。"

牛经理一笑："你太谦虚了，亲自带着团队出来跑业务，哪能说小呢，我们不都是业务出身么。"

我说："牛经理你这就太好说话了，既然都是业务出身，我也直接点说，我知道你们家乐福最近在采购一批泡菜，我们家泡菜原料选自本地，又是根据当地人的口味生产，各个小卖部都有卖，对我们超市来说，是吸引客流交易的好东西。"

牛经理摆摆手，说："徐经理，我看了你们的产品，的确很合我的要求，我这没什么问题，你去找采购部的黄主任谈谈吧。"

我早猜到他可能会踢皮球，便说："牛经理，我们前期跟黄主任谈过，他说我们这个产品价格太高，不采购我们的，可是价格这事是可以谈的嘛。"

牛经理笑着说："可以谈的话，怎么谈呢？"

我说："牛经理，既然你开口了，这价格你想怎么谈都行。"

"我事前也看过你们的报价，的确比平时高了很多，公司采购销售的所有人都拿到了你们的报价单，都说太高，想选你们家也没法选。"

我说："如果牛经理确实觉得我们这泡菜可以进，那我把价格杀一半。"

牛经理笑笑，说："别以为杀一半我就吃你这套，我告诉你，你忽悠我那些采购员可以，忽悠我可不行，杀了一半你们这价格只能算正常价格，没什么优惠。"

"我们正经做生意的哪敢忽悠，牛经理一回来就把宏望公司的报价给杀了一半，这说出去也是个名头。"

牛经理这下被我提醒到了，眼睛一亮，说："那好，这件事我开会商量一下，最后拍板还得大领导决定。"

我说："那就麻烦牛经理了。"

出门后，刘书平问我："徐经理你怎么一上来就给他杀了一半价，我还以为你要多谈点价呢。"

我跟他说："我故意把价抬高的主要目的不是为了提价，你看你跑了这么多次都没抓到点，黄主任跟牛经理两个明显在这件事上有矛盾，有什么矛盾我猜不到，但是你想想，上半年黄主任采购了一批泡菜，下半年牛经理又要采购，按王君阳的说法，他们也只会选一家供应商，那意味着牛经理一旦采购成功，黄主任就得把原供应商赶走，你觉得黄主任跟原供应商会没利益往来吗？"

刘书平说："那你为什么要故意抬价呢？"

我说："牛经理虽然跟黄主任有矛盾，但我们作为外人猜不到他们有什么矛盾，是会直接竞争还是双方都藏着掖着。刚我才开口说采购的事，牛经理就把皮球又踢给黄主任，说明牛经理大概也忌惮越过黄主任直接采购，虽然采购是他发起的，但不妥善处理黄主任，以后工作肯定麻烦，毕竟人家是采购部主任。"

"哦，我大概明白了，你故意给黄主任报高价是事前就知道他会拒绝采购。"

"他就是想采购也不可能采购那个价位的啊，何况他不想采购，连还价都没还。我让王君阳把我们的定价报给所有采购员，就是把这个消息放出去，他们公司每个人都晓得了这次泡菜采购，因为宏望公司定价太高，所以没采用。可是除了我们，他们也没有别的供应商可以找。我给牛主任直接放低价格，公司的人肯定都认为是他谈下来的，他这样好面子的人，这个方案他能不接受吗？"

"学到了，学到了，徐经理你看着年纪不大，怎么脑子里弯弯绕这么多。"

"我只是知道点信息去推测而已，其实要是有一步猜错了，很可能后面都会走错，牛经理和黄主任的矛盾是确定的，那其他事就可以不管，处理两人矛盾，如果不能化解，那就去抬高另一方，黄主任五十多岁的老头，牛经理新晋升的部门经理，你说我们往哪边站？尤其还是在黄主任不愿采购我们产品的情况下。而且我敢这么做的一大原因就是，这么高的价格，想买的人肯定会还价，不还价的那就是不想买，这也是测试一下他们到底谁能主导这次采购。"

不出我所料，回到公司第二天，王君阳就打电话给我："铁哥，今天牛经理开会了，就这个采购泡菜的事情专门研讨了下，牛经理提出要采购你们宏望公司的，黄经理当场就反对，说你们定价太高，建议换一家定价低的。我们大领导看了你们的报价单，也说太高，结果牛经理这时候说自己出马，保证可以把价格谈妥，大领导就发话说要是能谈得下来，最好采购你们的，毕竟宏望公司在当地还算有点名气。"

我说："谢谢你了，这下你可帮了我大忙，晚上出来吃个饭。"

王君阳晚上见到我，跟我说："现在公司都知道牛经理把你们的价格砍了一半，看来这笔单子你们十拿九稳了。"

我说："本来就没竞争，这单子我们拿下也是应该的，只是时间早晚问题了。"

因为前期我已经把家乐福的采购流程和手续全部摸清楚，第二天就带着材料直接去找牛经理，单子很快就签了下来。

销售之前的定位很重要，这笔单子是我刚入这行谈下的第一单，其中很多因果脉络都是事后才知道，因为家乐福在当地没有别的供应商可以选，我很有底气只要采购泡菜就必须采购我们的，其中的技巧不多，只是恰好站对位置，当时我对企业销售的一些规则还不太了解，不然跟黄主任活络活络关系，这笔单子可以更早地拿下来。

在这笔单子中，用到的销售技巧不多，但是销售心计却不少，销售要懂心理学，其实就是要吃透客户的心思。通过了解，我看出黄主任与牛经理存在矛盾，这种公司内斗很正常，利益冲突嘛。既然想要化解双方的矛盾不容易，那么就要站队，这是一门技术活儿，考验的是管理者的心智，站错队就可能导致一笔单子黄了，而且很可能再也进不了这家超市了。因此，我通过多方打听与亲自观察，仔细分析了两个人的性格特点，最终找到了切入口。

黄主任态度冷淡，看不出一点采购的兴趣，这样坚持下去很困难，除非另辟蹊径，但是时间有限，对于内部的具体情况也不了解，所以我把公关对象转向了牛经理。牛经理是刚刚得到晋升的，新官上任三把火，他非常希望做出点成绩来。此外，牛经理好面子。这两个点是切入口，抓住牛经理好大喜功的心理，主攻他这块，是我最终的选择。事实证明，我赌对了，成功拿到单子。

这个过程中没少用到销售心计，我故意抬高报价，试探性地询问黄主任，结果他没有还价，看来是没有兴趣。接下来找牛经理谈，给他一点心理暗示，告诉他这是一个邀功请赏的机会，他也是一点就透，在会上向领导夸下海口，说能够把报价压下来。结果，水到渠成，设了个局，双方得利。

4.了解局势再销售

拿下家乐福超市的单子后，大伯喊我来公司，问我下一步的工作打算。来之前我就想明白了，白莫这地方很小，拿下家乐福这个渠道之后，基本也没什么别的大渠道了，剩下一些小批发市场的二级、三级经销商，数量加起来还没有家乐福这一个单子大，我继续待在这里没有什么深入发展的价值，于是我直接跟大伯说："我要跑渠道。"

大伯的意思是让我在他身边当个副手，有这次功劳他也好提拔我，但我觉得在他身边纯粹是找不自在，办什么事都要上报，决策太慢不适合我，我跟他说决心已定，去跑市场。

从耿老板那离职之后，我就坚定了做销售这条路。我认为有两个方向，一个是从销售转向管理，另一个就是从个人销售转向企业销售。企业销售这条路我觉得更有意思，我很向往这种挑战。

大伯让我周末收拾一下，去安徽省巢湖分公司当负责人，这一下就跨了几个省，正合我意。

坐了两天的火车，我到了巢湖，说南方是鱼米之乡，真没说错。巢湖虽不是我见过最大的湖，却是我见过最干净的湖。

到公司之后，第一件事就是开会，巢湖是我们比较重视的一个市场，办事处配置齐全，比之前在白莫好多了。三个业务员一看新领导上任，都做好课件和汇报材料，跟我介绍巢湖目前的市场情况。

巢湖这里主要有三家大型超市，台客隆是我们的主要阵地，也是因为前任负责人关系打得牢，台客隆只从我们一家进货。

永辉超市是新入驻的大型超市，几个厂家都在竞争，除了我们之外，还有江凌和金菜池两家在公关，是我们目前主要的竞争对手。

华润超市是金菜池的老本营，据说超市的采购和金菜池那边有私人关系，其他厂家从没成功进驻过。

基本情况了解完毕，就准备开始拜访了，三个业务员，刘军、凌敏、陈云分别主管三个渠道，凌敏跟我说："徐总，我刚好今天下午约了永辉超市的采购，我们可以先去永辉。"

我答应他，下午先去永辉超市。

永辉的采购跟我一个姓，找到客户和自己的共同点是个很好的切入手段，我跟凌敏才到徐经理的办公室，发现已经有人先到了。徐经理很客气："凌经理你来得正好，这是金菜池的李鹏飞经理，跟你是同行。"

凌敏大概没料到有其他人在，尴尬地笑笑，说："徐经理，这是我们新任的负责人。"

我接过话，和徐经理握手："徐经理，我也姓徐，等会谈工作千万别让人把我们俩认错了，叫我徐铁就好。"又转身跟李鹏飞握手："李经理你好。"

徐经理呵呵一笑，说："这次喊你们来是想谈谈关于采购的事。你们也知道我们的泡菜区就一个专柜，我们比较看重你们两家，我们也不像别的大超市有那么多专柜，可以卖很多家的泡菜，你们两家品种比较全。这次想让你们投个标，相关招标信息我们马上就发到网上，也没什么别的事。"

徐经理简单介绍了关于招标的一些问题，我们就出来了。出来后我喊住李鹏飞："李经理。"

"徐总，什么事？"

"你这称呼太大了，我还不是你老总呢，你叫我徐铁就好。"我从口袋里抽了张名片递给他，开门见山地问他："金菜池那边给你底薪多少？我也直接跟你说，我才来巢湖，公司缺你这样的人才，有兴趣的话可以打电话出来吃个饭聊聊。"

李鹏飞接过名片走了后，凌敏告诉我："徐总，金菜池薪水给得可不低，李鹏飞在金菜池都做了快七八年了，挖不走的。"

我问："你谈过恋爱吗？"

"我都结婚了怎么没谈过，怎么了？"

我说："这就跟抢别人女朋友一样，你正大光明地去抢肯定会被对方反感，但你留个口子，让这女的知道你对她好，而且还想追求她。男女之间免不了矛盾，只要哪天他男朋友跟她吵架，她就会想到你。挖角这事不用急在一时，给他一个诱饵就够了，他在金菜池不可能永远那么顺，只要有一天领导对他不满意，他心里就会嘀咕——你算个什么，人家宏望公司多少钱请我去我都没去。"

"原来如此，我们现在回去写标书吗？"

"他让我们写我们就写，那不是太被动了吗？"

"那我们怎么办？"

我看看表，说："先别急，招标还要一个月后，我们先去打探打探情况。"

招标是有利于客户而不利于销售的一种采购方式，最可怕的客户就是货比三家的客户，而招标就是让客户知道市场上所有信息并去比较的过程，对于投标的任何一方来说，如果没有明确客户的需求，就很可能成为垫脚石。

有一个关于招标的故事，说是一个富豪打算在家里建一个游泳池，请了ABC三家公司，他轮流和每家公司的人聊天，A公司的说："我们家质量最好，千万别用B家的，他们的排放水系统做得太差。"

B公司的说："A公司经常拖延工期，而且容易烂尾。"

C公司的说："我们公司的价格最实惠，而且技术材料都比他们家好。"

富豪发现他们三家说的都有矛盾的地方，仔细比较后发现，A公司的技术最好，B公司的时效最优，而C公司的价格最低。于是富豪就用C公司的价格让A公司按照B公司的时效来修建游泳池。

所以投标，一定要了解客户的核心需求是什么，以及竞争对手和我们自己的优势、劣势是什么，这就像是三国博弈的局势，除非你有天大的实力，否则不可能一家独揽。

5.搞好与人的关系是渠道销售的第一步

就在我们开始搜集招标信息的时候，刘军打了个电话给我："徐总，不好了，台客隆那边说我们的产品出货慢，囤货太多，下个月要上金菜池的货。"

我一拍脑袋，这下犯二了，刚来巢湖先去跑的永辉，台客隆这样的铁杆老渠道忘记了维护，给对手留下了可乘之机。

台客隆的情况是这样，他们的采购部主任和我们原来巢湖的负责人是同学，所以一直照顾我们，现在我来了之后，要把原先的负责人调到总部，可是他说自己在这行做累了，下海做生意去了，这下我们这层渠道关系就相当于断了。

我二话没说，立刻买了点儿礼品赶去台客隆。

刘军已经在那等我了，我立刻去了采购部范主任的办公室，把东西放在他桌子旁。这种送礼的技巧就是，别主动说自己给客户买了什么，轻描淡写地放在一边，客户如果不问，那他就是收下了，后面什么话都好谈，如果问了，那就是礼送得不对了。

范主任看我东西一放，立刻就说了："徐总，我们又不是什么公家单位，你买这东西干嘛，生意归生意。"

这话一出，就是不想收的意思，要么是礼送的不对，要么是关系没到，人家不收。

我说："范总，我刚来巢湖不懂这边的习俗，我们北方人就是这样，见贵人不带点东西那叫没规矩。"

范主任没吱声，刘军还是有眼力见，立刻给我打圆场："范总，我们是特地来拜访，江总走了之后，有些工作我们也要交接一下。"

我说："是的，范总，我们两家也是老朋友了，我刚来也是太忙，整天都在开会，这一抽出时间，立刻就来你这了。"然后我就起身告辞了。

刘军问我："这么快就走了，正事都没谈呢？"

我说："他还把我们当生人怎么谈，下次再说。"

销售跟做人很像，一大忌就是交浅言深，两边说话越客气，意味着关系越浅。尤其忌讳第一次见面就直接谈生意，一般都谈不拢。所谓一回生二回熟，第一次什么东西都不能深入去谈，只是互相了解。好在范主任没把东西退回来，这说明还有第二次见面的机会。

回来后，我给李鹏飞打了个电话，问："李哥，考虑得怎么样了？"

李鹏飞很吃惊："徐总，我还以为你说着玩的，当真啊？"

我说："求贤若渴，晚上同庆楼不见不散。"然后我就把电话挂了。我之所以没多说，是因为怕对方犹豫，直接挂了电话，对方如果态度坚决，就会打过来，既然没有回拨，就是答应了。

打完这个电话，我把陈云喊过来，问他："现在华润那边是你负责吧？"

陈云一听就慌了："徐总，你别给我出难题啊，你也知道那是金菜池大本营，不好进的。"

我说："人家都骑到我们鼻子上了，难道还在这坐着等死啊，给你安排个任务，去打探一下华润那边的采购流程，是谁负责这件事。"

陈云说："不就是江主任么，他跟金菜池那边有私交。"

我说："有私交这种事你都知道了，那还能叫私交吗？先去看看能不能打探点别的出来。"

安排好之后，我开车去了同庆楼。

李鹏飞没给我回电话，那就是没拒绝我，我到了之后，才点好菜，李鹏飞就来了。刚坐下，他就说："徐总，你这样约我出来，被我同事看到，他们会以为我是间谍的。"

我笑："明人不做暗事，我们就是交个朋友吃个饭而已。"

几杯酒一喝，我们就开始吹嘘自己当年做销售经历的丰功伟业，李鹏飞很会讲故事，也很喜欢听故事，我跟他说到自己卖保险时他睁大了眼："徐总，怪不得我觉得你身上气质不一样，原来高端低端销售都做过。"

我说："销售无所谓高端低端，我们现在跑渠道并不比摆地摊高明多少，真要说的话，可能潜规则更多一些，比如说华润超市，我们就一直没法进去。"

我看李鹏飞喝美了，开始步入正题，试探性地套话。

李鹏飞大笑："那是我们谢总的铁杆子，江主任跟我们谢总一起当过兵的。"

人说关系最好的不是兄弟姐妹，而是一起念过书的、当过兵的、打过架的，这关系的确是比较铁了。

我故作神秘，说："听说台客隆的范主任也是谢总战友？"

李鹏飞说："这我倒没听说过，而且那不是你们的铁杆子么？"

我说："我刚来的，有什么铁杆子，不是忽悠你，我是想请你过来帮我们跑永辉这个渠道，上次看到你，我就知道这事你做得成，而且我也想找人跑跑台客隆，你们那有谁能推荐给我吗？"

李鹏飞想了一会，说："台客隆最近是伍骁在跑，他好像认识范主任。"

"哦？你们路子广啊，他跟范主任什么关系，能引荐给我吗？"

"这我就不清楚了，他跟我们吹牛说是范主任欠他人情，不过他比范主任至少小十岁，能欠什么人情。徐总，今天就像你说的，交个朋友，跳槽这事我们不谈了，喝酒。"

这顿酒没白请，两个渠道的关键对手都找到了，下一步就是谋划如何打败他们。渠道销售难就难在这，客户不看公司，不看服务，不看产品，什么老同学、老领导、老战友比这些都要实在，因为生意中，最大的问题还是信任，所以说人是渠道关系的决定因素。

一般来说，销售与客户的关系分四个种类：

（1）既有利益关系又有私人关系

这种关系是我们经营客户的最终目标，私人关系的核心是信任，在交易中，最难解决的其实就是信任问题，买卖的双方都承担着信用风险，在中国目前的市场上，这种信用问题靠法律不如靠人情。想培养私人关系，那就要参与到客户的私人生活中，也就是客户不工作的时候做什么，一起打球钓鱼聚会，私人关系一旦培养起来，即使有更便宜更好的产品竞争也难以打破。

（2）有利益关系但没有私人关系

这种关系是纯粹的生意关系，供应方提供产品服务，客户方支付费用。客户是否购买产品完全看的是产品价值，一旦有了更好更便宜的产品，他就会马上结束这段利益关系并开始另一段。

（3）有私人关系但没有利益关系

这些客户就是销售的准客户，比如说自己的亲戚朋友、同事、同学、战友等等，因为双方的信任问题已经基本解决，只要发掘出客户的需求，就可以完成销售。

（4）没有私人关系也没有利益关系

我们刚开始拜访客户时，就处于这样一种关系中，通过沟通了解，双方再决定建立什么关系，想做好销售，就得先建立私人关系。

6.帮客户忙，就是帮自己

　　一个人如果在一行做销售做好了，再去做其他行业的销售，他也肯定能做好，因为客户资源已经积累到一定程度，不怕做不好。对于销售来说，客户就是上帝，是最宝贵的资源。这也是很多公司招聘都会加一句"有渠道关系的优先考虑"的原因，因为客户资源实在是太难培养也太值钱了，一个渠道广泛的销售，很可能决定了一家公司的生死存亡。

　　朋友的广告公司做得很大，一年一个亿的营业额。这样的老板应该很牛了吧，但是他对手底下两个副总一点脾气没有，副总凡事跟他对着干，他是老板却不敢发脾气，原因就在于人家手底下有客户资源。他不敢开他们，因为有这么多客户的人，到哪家公司都是这个待遇，所有公司都抢着要。可见，客户资源对于销售的重要性。

　　华润的渠道关系我们不好进，这也是销售人员要考虑的效率问题，虽然这块肥肉大，但是难啃，费力又不讨好。我打算先从台客隆做起，老渠道没有什么差错，重新捡起来要简单得多。

　　首先我要解决的，就是去找出李鹏飞所说的那个伍骁到底卖了什么人情给范主任。来到范主任办公室，给他点着烟，我问："范主任，我做销售这么多年，特别惦记一件事。"

　　范主任说："什么事？"

　　我说："就是找贵人，有个贵人提携能让自己平步青云，可是自己一直没找到这样的人。"

范主任说："那是，贵人不好找。"

我说："我们都是给别人打工，也不指望遇到大贵人，关键是能互相帮扶起来，范主任你要是有什么我能帮上忙的，你一定要说，能办的我一定给你办。"

范主任面有难色，又马上缓和下来，说："这……没有没有。"

这一次闲聊了大半天，范主任的言谈让我隐约觉得，他肯定有点难事不好意思开口。

出了门，我给范主任又打了个电话："范主任，今天晚上我请客，去上岛咖啡坐坐。"

范主任说："晚上不一定有时间啊。"

我说："范主任，我们不说见外的话，吃个饭你得赏个脸，七点我在那等你。"

销售有一个忌讳，就是为请吃饭而请吃饭。吃饭喝酒能拉进双方的感情，不过不能吃白食不干事，吃饭，一定要明确自己吃完这顿饭要达到什么目标。

我这次的目标就是让范主任把我当成自己人，找出他的核心需求。

我开了个包厢，范主任喜欢吃牛排这事是刘军告诉我的，我点好菜，开了瓶红酒。范主任一见到我就说："徐总，让你破费了。"

我心想跟你见几次面了，都谈不到正题上，今天这机会不能放过，喝了两杯酒，范主任还在扯一些不相干的话，我问："范哥，你比我大，我叫你一声哥，江总临走时特别嘱咐我，范哥你这边有什么需求，让我一定满足。"

范主任很诧异："哦？他还这么说了？"

我说："那是，所以我也直接点，说句不长眼的话，范哥你让我办啥事，我这边肯定都尽力去办，可金菜池的伍骁这么插进来抢我们家生意这事，你不能不闻不问啊。"

范主任脸色微变，说："小徐，这事我也不知道怎么说。"

我说："范哥你但说无妨。"

范主任看看门外，然后凑过来告诉我："小徐，你知道你们家上货都是先上货后付款吗？"

我说："没有吧，一直都是先打款后发货啊。"

"是该这样的，不过前几年我们台客隆这边因为资金没到账的问题，发不了款，江总就自作主张给我先发货了。"

"这是小事，范哥你要货我也能给你发。"

范主任有点紧张，说："小徐，今天这事我跟你说是信任你，千万不能外传。"

我说："范哥这你放心，我做人绝对不会做这种事。"

范主任接着说："是这样，当时进货价签的五十万，后来刚好你们涨价了，我给公司报账的时候报了上涨后的价格，公司也没注意，这差价我就收了。"

"吃点差价不算什么事吧？"

"这笔钱不小啊，公司最近稽核查到这笔账，在找这笔钱去哪了，我说也是进货用了，可是交不出这笔货来。刚好金菜池的伍骁来找我，我看他一个新人，就忽悠他给我先发货，把这个账给堵上了。"

"后来他一直催你款，交不上来，所以你就让他们上架了？"

"就是这样。"

我故作吃惊，说："范哥，这个忙可不小啊。"

实际算起来，这笔账我可以很轻松地给他发货抵过去，可是这样没有任何利润与油水，完全是帮了范主任的忙。我琢磨了一会，还是决定帮这个忙。我对范主任说："范哥，这个忙我帮了，明天我就给你发货，你把金菜池的退回去，不过你也晓得，这么多货我不能随意发，到我这也是空账。"

"那怎么办？"

"这样，我们签个合同，原先泡菜如果没卖出去，你们不是直接销毁吗，现在我跟你保证如果没卖出去，剩下的尾货我们全部收回并且退款。"

"这样你们损失不更大了吗？"范主任很吃惊。

我说："帮朋友忙，这点损失我还承担得起。"

回去后，我给我爸打了电话，说了这事，我爸帮我操作，把包装上的保质期从两年改成了六个月，然后给台客隆发了货。

六个月后，尾货退了回来，公司重新打上保质期，这批货又正常地进入超市了。

所谓帮助客户就是帮助自己，并不一定都是在利益上的，经常有业务员觉得自己帮助了客户，客户就该给自己回报，这种想法相当错误。

帮助别人，就该是无私的。即使最后能达到经济上的效果，我们在做这件事的时候，也不能以经济上的结果为目标。不然的话，你得到的只是利益交换的关系，而不是给对方一个人情，所谓人情无限大，这个东西能换回来的利润是长远的，不能光看眼前。

红顶商人胡雪岩在道光年间，帮了王有龄一把，因为他很看好这个人，认定其前途不凡。当时王有龄缺钱，胡雪岩便从钱庄拿出五百两银子给他，让他进京混个官职，而胡雪岩则因为此事被钱庄老板辞退。

后来，王有龄果真发迹，当上了粮台总办，他想到了胡雪岩的知遇之恩，于是资助胡雪岩自己开办钱庄，号为"阜康"。之后，王有龄步步高升，而胡雪岩的生意也越做越大。

做人不能只看到眼前利益，这样格局太小了，做不成大事。做销售更是如此，销售就是做人情，而人情债是最值钱的，如果不急于一时，日后肯定有更大的回报。对于销售员来讲，付出就要回报，是最幼稚的行为，只会让客户厌恶你。放长线钓大鱼，这才是上策，而付出的最高的境界，就是你出于真心帮助他人，不考虑利益。当然，这样做会有风险，你很可能帮了白眼狼，费力不讨好。

客户是销售的衣食父母，不尊敬父母的销售做不成好销售。所以说，帮助客户，就是在帮助自己。

销售无畏

7.让对手猝不及防

台客隆的事一解决，我就将主要精力都放在了华润超市的公关上。市场如战场，不是你死就是我亡，在这里不能对竞争对手留有一丝一毫的同情，所谓断人财路如同杀人父母，对我们双方都是如此。

范主任在这之后对我更加信任，而且因为这笔合同，他们公司更加赏识与器重他，认为他的能力突出，居然能把尾货给退回去，还因此给他升职加薪。后来，我让范主任在一次去市政府开会的时候，把宏望公司可以退尾货的事告诉了其他两家公司的负责人。

随后我就接到了李鹏飞的电话，他说："徐总，你们这是搅和市场吧，泡菜到期就变质了，只能倒掉，你们这么搞不就是在比财力吗，这样损人不利己啊。"

我说："我们也不想啊，为了打市场没办法。"

挂了电话之后，我知道效果达到了，金菜池那边已经乱了阵脚，现在是攻打华润的最好时机。

我叫陈云回来，问他："打探到什么消息没有？"

陈云说："华润的采购江主任出差还没回来，最近管事的是副主任石磊。"

我问："金菜池的人最近有过去吗？"

陈云说："见过几次谢总，我都在外面，没去打招呼。"

我说："好，你等我，我下午就去。"

下午过去后，我和陈云去找石主任，石主任看到我们就说："你们宏望最近搞得很猛啊，我们大领导去开会，说你们家还能退尾货，为什么不进你们家的。"

我顺势说一句："是啊，为什么不进我们家的。"

石主任说："呵呵，我们一年就招标一次，今年的机会已经过了，你们想进的话等明年吧。"

没说几句我跟陈云就走了，下楼的时候，一个穿皮夹克的男人走上来，陈云凑到我耳边说："那就是金菜池的谢总。"我立刻迎上去，递过名片，说："谢总你好，我是宏望公司的徐铁。"

谢总很鄙夷地看了我们一眼，说："你们来这干吗，乱搞什么，市场都给你们搞乱了。"

我笑笑："跟你一样来谈合作嘛，市场乱不乱哪轮得到我们做主。"

谢总哼一声，说："我不是来谈合作的。"然后就上了楼。

陈云跟我说："这人当过兵，素质不怎么样。"

我说："他要是没当过兵就更好了，不然我们不用这么费力。"

回到公司，凌敏到我办公室，递了份标书给我，说："徐总，这是草拟的关于投标永辉的标书，你看一下。"

我粗略地翻了几页，问："这次招标要求有什么变化吗？"

凌敏说："没有，跟以前一样，去跟徐经理谈了几次，没问到什么特别有价值的东西，他的意思好像是说投标后由部门集体开会决定。"

我说："这就麻烦了，部门那么多人我们掌控不了，徐经理在这件事上能拍板吗？"

凌敏说："应该可以，以前都是他拍板。"

我说："以前也没有要我们投标，永辉这个渠道占领了各个小区，务必要拿下来，如果他能拍板的话就不是让我们投标这么简单，你再去打探打探，他是不是有什么别的要求，是不是要点好处什么的。"

凌敏出了办公室，我的电话立刻响了，一接，是陈云。"徐总，你得再来一趟，刚谢总走了之后我又上去了一趟，石主任直接把我赶走了。"

我到了石主任的办公室，石主任说："徐总，你们总来也不是个法子啊，我们今年真的不招标了。"

这话糊弄新手业务员还可以，糊弄我就是太嫩了，我摆地摊的时候早练就了一身无视客户拒绝的功夫。我说："石主任，不招标没关系，采购还是可以选择我们的。"

石主任很为难，说："真服了你们业务员了，我到时再看吧。"

出门后，陈云问我："你觉得谢总来了一趟说了什么，这情况完全打不动啊。"

我说："你知道谢总跟江主任是战友吧？"

"知道啊。"

"江主任只比石主任大半级，而且还算不上他领导，他不至于这么被压着吧。"

"官大一级压死人，很正常的，我们后面怎么办？"

我说："江主任明天就回来了，等他回来我再去拜访一次。"

陈云说："他比石主任还难啃。"

去见江主任时他在开会，我在门外等他，过了一会，看他从会议室走出来，旁边是一个头发有点白的中年人，江主任在他右边拿着个文件对他讲解。我估计这是江主任的领导，立刻冲过去给那个中年人递了张名片："领导你好，我是宏望公司的徐铁。"

中年人抬起头，说："哦，宏望公司啊，最近你们很猛嘛，跟我们合作得怎么样？"

我说："这次就是来和江主任谈合作的。"

中年人指指江主任，说："小江，我去市政府开会时听到台客隆的人说了，宏望公司的优惠政策很不错，好好谈。"

江主任忙点头，然后带我去了他办公室。我才坐下，江主任就说："徐总，我们今年不招标了，你准备份资料，我们明年招标再通知你。"

我本来也不打算跟江主任多谈，明知道谈不出什么东西来，就起身告辞。出来后看到石主任，石主任见到我笑嘻嘻地说："怎么样，碰钉子了吧，跟你说了今年别想啦。"我看他说话俏皮，就回他一句："搞得像我明年就可以想一样，石主任，刚那个领导是谁啊？"

"哪个领导？"

"就是从会议室出来的那个。"

"哦，那是我们吴总。"

我在他们办公室观望了一阵子，看到一个员工的电脑屏幕旁贴了张公司通讯录，在江主任上面就是吴海波一个人，我默记下号码，然后回了公司。

做销售的一定要善于观察，很多细节都是决定成败的关键，比如吴总的电话，如果外人可能很难要到，但他们公司的通讯录正好贴在那儿，路过的时候顺手抄下来或者记下来，这也是一个销售人员的基本功。

一个星期后，华润的网站上发出了采购通知。

李鹏飞打电话给我，说："徐总，华润才跟我们签过合同，怎么又要采购了？"

我说："采购不还是要你们家的吗？"

李鹏飞说："不一定，我听谢总发火说你们在捣鬼，不然华润不会发这个通知，你们到底做了什么啊？"

我笑笑，没告诉他。

在记下吴海波的号码后，我给他快递了两盒八宝菜，然后给他打了电话，说："吴总，我是宏望公司的徐铁，听说你们超市要到明年才采购，那我们这白忙活了啊。"

吴海波说："我不管这事的，这样吧，我帮你问问。"

这叫先礼后兵，如果我打电话说要送菜，他很可能不收。因为有电话号码，我直接寄过去，然后再打电话通知，这叫先斩后奏。也不是太重的礼，谁会不收再退回来呢？

据石主任后来告诉我，江主任在会上说宏望的产品不好吃，很少人买，吴总大骂说："我就很喜欢吃！"搞得他们都笑得肚子疼。

销售出招要奇要怪，正经出招无法触动客户的心，更打不倒竞争对手，对于客户已有的稳定渠道关系，我们如果打不破，那就要挤。一家公司除非是一把手的渠道关系不容易打破，其他人的渠道关系都不会那么牢固，公司里面的其他派别，或其他的领导都会左右渠道，我们就是要找到这些让他们意想不到的人来突破。

说到不正经出招，我一直觉得销售人员的很多技巧都在打道德擦边球。卖出产品，完成销售业绩，打败竞争对手，似乎是理所应当的事，但实际上，如果你打败了竞争对手，很可能对方会因为损失这一单的业绩而没有收入，导致生活困难。这么多年销售生涯，我一直很在乎一点，如果对手是个新人，我都会留点路子给他，不至于让他死在销售生涯的开端。

关于竞争，我想起来非常有意思的一件事，就属于这类极不正规的手段。那会我还在卖保险，有一个同事在银行驻点销售，简单点说，就是银行外聘的大堂经理，但实际是在保险公司挂职，主要工作就是负责帮银行完成保险业务。因为老百姓对银行的信任程度远远高于保险公司，所以才会出现这样的岗位。

那家银行比较大，除了我那位同事之外，还有别的保险公司的人也在那里驻点营销，当然，他们都穿着银行的工作服，客户不知道他们是保险公司的。

这样卖保险有点像门店销售，客户都是自己上门，然后销售人员进行推销。一段时间之后，我的同事发现一个问题：只要他和客户谈好产品，带客户到银行柜面去出单，客户一旦在柜面坐下，就突然不想买了，怎么劝都没有效果。之前出现一两次，同事觉得是偶然事件，可能是自己谈客户的时候有些异议没处理好，后来次数一多，才发觉不对劲了，他就跟我们讨论起这个问题。我跟郭浩仔细研究了他整个的销售流程，从接触客户到产品介绍，发现都没有什么大问题。

然后我问他："是不是银行的柜员跟客户说了什么？"

同事说："没有啊，那个柜员跟我关系不错的，每次去出单她都不乱说，客户都是才签了字，突然就反悔了。"

我跟郭浩觉得这个事的确有点蹊跷，就和那位同事一起去他所在的银行网点看看情况。

我假装客户，去银行取号办业务，然后一位大堂经理就过来了，问我："先生您办什么业务？"

事前已经了解到，这个大堂经理是同业的一个竞争对手，我就对她说："开个户，存钱。"

她说："我们银行最新推出了一款理财保险，收益很高，您要不要了解下？"

我摆摆手，说不用了，然后就跑到一边去填单子，顺便招呼我同事过来，我跟同事说："我去签一单，到柜面看看，听听是不是柜员不小心说错了什么话？"

同事说："好，那我带你去柜面。"

到了柜面后，同事跟柜员说给我办一份六年期的保险产品。柜员拿单子给我签字，跟我讲了一些风险提示，我没觉得有什么问题，就在这时候，我不经意间抬头，看到刚才那个大堂经理站在自动取款机那看我，我把单子一推，跟同事说："我不买了。"然后就出了网点。

同事赶紧跟了出来，问我："怎么回事，以前就是这情况。"

　　我忍了半天，终于大笑出来，跟他说："这真是太贱了，你知道么，刚才我在柜面坐着的时候，那个大堂经理在自动取款机那站着看我，一发现我在看她之后，她就做出一副'千万不能买'的表情对我摇头。"

　　如此的竞争手段真是太少见了，确实有点缺德。

8.以差异化的服务赢得客户

最近我在上海看到不少银行在拉存款，银行在我印象中一直是一个很霸气的单位啊。我看到某银行门口放了一个牌子：教小孩写作业，英语、数学、语文、物理、生物、化学，本行客户免费服务。我当时就乐了，银行为了找客户也真是无所不用其极，看来日子不好过啊。

虽然华润超市发了采购通知，但不代表我们就进驻华润了，他们上架的泡菜，金菜池家的还是大头，我们两家的品种一样，客户购买的时候反而会觉得我们是山寨货，以为是模仿他们家的。没有销量的话，我们在华润活不过一个产品周期。

从采购那天起，我吩咐公司快递每个月给吴海波邮寄两次八宝菜，还附赠公司的最新产品。同样的，也给石主任邮寄，除非是金菜池的谢总不干了，否则江主任那块我是不打算再费力去啃了。

这是我大伯教我的一招，他跟我说，人这种动物，对于常态的东西没有反应，只会对变化起反应，你握着一个装满热水的玻璃杯，只要你不动，你不会觉得烫，但只要把杯子转一下，手马上就觉得烫了。当年他刚创业那会，为了找客户找投资，跑了无数客户，想了无数主意，就为把宏望公司的牌子打出去。

当时市里有一家连锁百货商店，要招标一批泡菜，大伯知道这个消息后立刻去找采购经理。

可那年代都是国字头企业垄断市场，采购经理跟他说已经招完标了，三天后就签约，这次公开招标不过是走个流程，让大伯下次再来吧。

泡菜这东西不比其他商品，放一段时间就变质，那就是直接损失。大伯跟采购经理说，能不能把他的公司给加进去，采购经理说，加进去也没用，他们老总已经出差了。

大伯问了老总的号码立刻打了电话，说自己是宏望公司的，听说这次招标，想问问民间企业能不能参与。老总当然不好意思说不能参与，就告诉大伯三天后就走流程，交标书的截止时间都过了，等下次机会吧。

大伯不死心，跟采购经理打听到老总出差的地方，半小时后就坐上火车赶了过去。到了老总住的酒店后，那个老总正好一个人吃午饭，大伯直接走过去坐下来，老总看大伯打扰他休息很不高兴，大伯说了半天，老总才稍微缓和点。见局面有所缓和，大伯随即打开一瓶带来的八宝菜，老总尝了一口觉得很不错，对大伯说："这次的确没机会，不过我还是愿意采购一批你们的货。明年要是公司还开着，我就招你们的标。"

大伯非常感谢那个老总，为了夺得第二年的标，他每周都给那个老总送一次八宝菜，一直送了半年，老总开始认可我大伯这个人，当时就把宏望公司列为重点合作对象，大伯的公司也是从此时开始走上正轨的。

"你知道这里面的关键是什么吗？"大伯问我。

我说："是你能坚持吧，一般人哪能坚持这么久。"

"是的，你记着，要想让客户记住你，要做两件事，一是他以前没见过的事，二是让他经常能看到你在做这件事。"

好在现在快递发达，这种事要简单许多，因为快递总是去送泡菜，华润公司的人都认为吴总喜欢这一口，尤其是喜欢吃我们家的泡菜，石主任也开始问我要点泡菜回家吃了。我又招聘了两个促销员，每天在华润超市门口摆摊促销我们的产品，也没人敢把他们赶走，所有人，包括金菜池的人都以为，宏望公司已经打进华润了。在一年后的招标中，我们顺理成章地进入了华润超市。

如今的市场竞争越来越激烈，如何赢得客户就显得至关重要，如果你将产品往那一放，除非是品牌、口碑都不错的产品，要不根本卖不出去。这时候就需要思考，为客户提供区别于竞争对手的服务，这就是差异化服务。

金菜池的泡菜摆在超市里就走货，我们是新进去的，客户不买账，卖不动。但我们的泡菜品质一点不差，关键要让客户先尝一尝，于是我们在超市门口摆摊，这样给客户一种感觉，这是超市在促销，信任度不成问题。这样当客户吃着觉得还不错时，他们就会进入商场找我家的泡菜，销量自然就上去了。

这是我们为了打出牌子，提供的差异化服务。此外，为了能够顺利进驻华润超市，我开始给超市的领导送泡菜，这也是有别于竞争对手的差异化服务，为我们的产品顺利进驻超市奠定了基础。

在营销过程中，提供差异化服务也是要讲究战术战略的。

第一，充分了解客户需求与期望。在大公司里，成功的客户服务已经成为企业文化的一部分，具有非常重要的战略地位，而小公司大多没有意识到这一点。在制定差异化服务的过程中，营销人员必须充分了解客户的需求与期望，以送泡菜为例，因为了解到超市的领导平时都有吃泡菜的习惯，所以我坚持给他们送公司的产品。其次，因为之前只有金菜池一家，即便是他们也免费送，超市领导也吃腻了同一类产品，这次正好换换口味也符合他们的期望。同样，来超市购物的消费者也是如此，平时只能买到金菜池一家的泡菜，也期望吃到其他品牌的泡菜。

如何了解客户的需求与期望呢？

营销人员常用的方法包括：电话、拜访、会议、调研等访谈形式，与主要客户群建立起各种形式的定期交流。例如经常拜访超市领导，通过问卷调查的形式了解超市周边客户的需求等等。了解完客户的需求与期望之后，接下来要做的就是改进产品，这就要求与公司内部人员进行沟通，分享信息，包括销售人员、生产人员和客服人员，这样才能提高产品以及服务质量。

第二，设计价值定位、产品方案。通过充分了解客户需求与期望之后，设计能够满足客户需求的产品，然后进行合理定价，力求符合客户的心理预期。众口难调，企业不可能满足所有消费者的需求，那么就要针对目标客户进行产品方案改进，专注于优势领域，针对客户情况、竞争情况和自身资源情况，设计价值定位和产品方案。

第三，实施产品方案。产品方案制定完毕之后，关键在于如何落实，比如我家做的泡菜再好吃，无法在超市上架，那么一切都是无用功。

第四，后期维护以及制定沟通计划。企业必须持续关注客户的需求及期望，要抢在竞争对手之前发现客户的具体需求或变化趋势，注重客户的反馈意见，这就要求销售人员进行后期的维护与沟通，并能有效地改进自身的客户服务工作以及产品。所以，详细的维护与沟通计划必不可少。

所谓客户服务，就是给客户一种超值的感觉。人类学中有一种理论，叫做"累赘理论"，意思是说，在人类社会和动物社会中，都存在一种情形，就是交往的双方常常会做一些让对方觉得"累赘"的事情，从而获得对方信任。因为你越能做出超出基本需求的"累赘"的事情，就代表你越有能力、有价值，所以对方也会对你越信任。比如很多人买奢侈品，其实并非这些奢侈品有多大的使用价值，而是可以让其他人感受到它的"累赘"作用，让人产生这种感觉：能用得起奢侈品的人，一定是有能力赚钱的人。

我们的客户服务就是给客户这种"累赘"的感觉，人无我有，人有我精的服务才能赢得客户的信任。最近我对这种服务感受很深，前几天，我因为想减肥锻炼了一阵，现在有了点效果，裤腰带明显松了，即使拉到最紧的孔，裤子也会掉下来，我就去找个卖皮具的地方打孔。现在城市里修鞋、裁缝这样的小摊基本找不到，我就去了一家卖西装的店，里面也卖皮带，店里就一个店员在，我走过去后，店员很快上来，问："先生，您要买什么样的西服？"

我跟他说："我皮带松了，你这里能不能打孔？"

店员看着我手里的皮带，说："不好意思先生，我们老板不在，这我得问下老板。"

我当时是想回他一句"打个孔还要请示老板吗？"这样的店员可以说一点销售意识都没有，自己都不能做主，那就没有聊下去的必要了。

我又去了对面的西装店，这家店也是知名品牌了，来逛的人不少，我进去直接找店员问："你们这可以给皮带打孔吗？"

店员说："可以。"

我把皮带递给他，他看了一下，说："不好意思先生，你这个皮带不是在我们店买的，不能在我们这打孔。"

我说："附近就你家能打孔了，打孔多少钱我付给你就是。"

店员说："不行啊先生，我们这不能给外店的牌子打孔的，你要想打孔的话可以买一条新的皮带，我们刚好有一批新货。"

我做销售这么久，最烦的就是这样落井下石的销售伎俩，转身就走了。

我又去了一家店，才走到门口，一个店员就迎了上来，说："欢迎光临。"

我问："你这里可以给皮带打孔吗？"

店员说："可以。"然后就接过我的皮带，把孔打好了，整个过程不超过三分钟，柜员连句多余的话都没说，除了临走时说的"谢谢光临"。

从此之后，我就成为这家店的常客了。

　　所以说，服务的直接目的不是为了创造价值，而是在市场竞争激烈的环境下打出不一样的口碑，获得客户的信任和认同。

9.别被人牵着鼻子走

永辉的招标信息已经挂了半个月，我打电话给凌敏，问他："徐经理最近有没有透什么风？"

凌敏非常沮丧，说："这老男人柴米不进，都能当和尚了，不抽烟不喝酒，实在找不到口子。"

我说："这就是你平时学习不够了，自己只会抽烟喝酒，形成思维定势，遇见不抽烟喝酒的客户就不知道怎么办了。人总有爱好，周末你跟着他，看看他平时玩些什么。"

跟凌敏打完电话，李鹏飞突然打了过来："徐总，出来吃个饭吧，我请你。"

我估摸自己的反间计要成，带了两瓶酒就出发了。

李鹏飞约我在一家火锅店，见到他后，我不露声色，问他："怎么了，升官了，请我吃饭？"

李鹏飞没回应我，打开酒倒了两杯，然后说："徐总，我想了想，还是决定投奔你了。"

我说："别这么说，我是求贤若渴，你能来我巴不得。"

原来在华润采购我们的货之后，谢总一直脾气不好，觉得自己的大本营被人攻破了，这段时间对业务员非常苛刻，又扣工资又强迫加班，所以李鹏飞才萌生退意。

我心想这谢总还真沉不住气，不过是被我们抢占了一点市场份额就受不了，真是没见过大世面啊。

李鹏飞一过来，我心里就安定了一大截，一个业务员最大的价值不是他的技能，而是他积累的客户资源。有了李鹏飞，我对明年华润的招标又吃了颗定心丸。而永辉这边，也是无痕迹地消除了竞争。我躺在办公室的沙发上，抽了根烟，有点兴奋。

这时我猛然起了一个念头，一个机灵就起身，跑出办公室喊住李鹏飞。

李鹏飞被我吓了一跳："徐总，什么事？"

我感觉自己一身冷汗，问："你在永辉那边见过江凌的人没有？"

李鹏飞也一愣，说："还真没见过。"

"那就怪了，论规模他们不比金菜池和宏望小，我怎么两个渠道都没见过他们的人？"

李鹏飞说："这事我在金菜池的时候就考虑过，永辉这次招标会不会是……"

我说："八成是的，这次招标说不定是让我们陪标，其实早就定了江凌。"

李鹏飞说："有可能，上次徐经理喊我们去谈招标的事，就我们俩家公司去了，江凌都没来人。"

"我说徐经理这人口风怎么这么紧，让我们写个投标书什么都不管了，差点死都不知道怎么死的。"

我立马打电话给凌敏："你在永辉见过江凌的人没有？"

凌敏说："江凌的人我不认识啊，不知道有没有来过。"

我说："你盯着点，如果发现江凌的人立刻通知我。"

"好的，对了徐总，我周六偷偷跟着徐经理，这人果然烟酒不沾，周六在一个茶楼待了一下午，你说我们是不是给他送点好茶？"

我想起有客户带我去过那个茶楼，不是普通的茶楼，内藏玄机，是一家青楼。于是便对凌敏说："先别急，我下午跟李鹏飞过去一趟看看，你先盯好有没有江凌的人。"

见到徐经理后，我也没客套，说："徐哥，这还半个月就要投标了，你什么信儿都不给我，我这标书很难做啊。"

徐经理说："小凌也来跟我说过几次了，我们这次是正常招标，都按制度流程来，没什么信能给你的了啊，要是有的话我能不告诉你吗？"

"这次投标的有几个厂家？"

徐经理说："徐总，这个是机密信息，有些外地厂家来投标的我们不能泄露对吧，人家会说我们超市歧视的，以后生意怎么做。"

李鹏飞说："徐经理，我也是才换了新东家，晚上赏脸我请你吃个饭。"

"我们俩又不是没吃过饭，又破费什么。"

"就算你给老朋友祝贺下行不行，给我新工作一个好彩头。"

"好好好，去哪？"

"晚上七点，到花府大酒店。"

出来后我把车钥匙给李鹏飞，告诉他："吃完带徐经理去喝茶，就像我吩咐的那样。"

李鹏飞说："知道了，我倒看看这老狐狸什么底。"

李鹏飞走后，我又问凌敏："见到江凌的人了吗？"

凌敏说："见到了，一个平头男人，来过永辉不少次，我一直以为是永辉的员工，今天看他拎了盒江凌的泡菜我才注意到。"

"好，继续盯着他，来了就跟我说一声。"

凌敏说："徐总，这永辉该不会是让我们陪标吧。"

我说："那就是欺负我们了，我是不会让大家受这个气的。"

零点一过，李鹏飞打电话给我，说："徐总，猜错了，这老头真的就是爱喝茶。"

我说："无所谓了，今天凌敏已经看到江凌的人拎着泡菜去了永辉。徐老头今晚有说什么吗？"

"还是一样啊，我跟他打交道这么久，还真没说什么新鲜的。"

"看来这老头的癖好我们还没摸到啊，再追踪吧。"

销售的战场其实更像是政治，是一场没有硝烟的战争，对手一个接一个冒出来，稍不注意就可能被人掀了老底，多少企业起起伏伏都是死在市场上。

江凌公司的人就像幽灵一样，我跟李鹏飞连续拜访了徐经理一个星期，都没有收获，这天李鹏飞问我："徐总，我发现一件事。"

"你说。"

"你注意到没有，我们从来没有在徐老头办公室遇见过江凌的人，甚至前天凌敏说江凌的人来了之后我们立马赶过去，都没有碰上。"

"好像真是这样，江凌的人难道打算一直这么藏下去？"

李鹏飞摇摇头，说："我估计，我们是不是拜访错了人？"

"这我也想过，可是除了徐老头，永辉还有谁能负责这次采购，你跟凌敏都跟进了这么久，他们办公室大部分人我们都认识，难道这信息还不知道？"

李鹏飞说："陪标这事我们也是才推测出来的，搞不好徐老头就是吃我们人情的，我们给了他不少好处。"

我说："以防万一，我们下午再去蹲蹲点。"

离投标还有一个星期，我们的标书都已经做好，李鹏飞也把金菜池的信息分析透彻，如果只有我们两家的话，我们中标肯定不成问题。

幸运的是，下午我们刚到永辉，就看到一个平头男人进了公司。按照凌敏的描述，这人就是江凌的，我跟李鹏飞跟在他后面，平头男人左转右转，最后走进了市场部。等了半个小时，平头男人出来了，我跟李鹏飞使个眼色，立刻进了市场部的办公室。

我敲了下门，说："邵部长，你最近真忙，我都找不到你。"

邵部长看我们俩，说："我也想找你们呢，怎么这次招标你们两家一点动静都没有？"

我故作吃惊，说："我标书都做好了啊！"

邵部长也一惊，说："做好了？做好了怎么不送来，前天招标都截止了。"

李鹏飞说："截止了？我们怎么不知道，不是说要到下周才招标吗？"

邵部长说："标书都要先送到我们这里审核，我们不是挂到网上了吗，徐经理没跟你们说吗？"

看来我们是被这老狐狸给耍了，他明显是被江凌收买了。

我问邵部长："我们现在交标书还来得及吗？"

邵部长说："来得及，明天之前送来。"

我跟李鹏飞经过徐经理办公室的时候，恨不得进去骂他一顿。老狐狸，吃一家回扣还不够，还吃三家的。

回去后，我跟李鹏飞连夜加班，把标书全部修改后第二天送了过去，及时赶上了投标，好在永辉的市场部没被收买，我们顺利中标了。

如果被别人牵着鼻子走，会一直处于十分被动的境地，对于投标这件事来说，必须要始终占据主动位置，毕竟变化太多，潜规则太多，作为销售人员，你不可能弄清里面所有的猫腻，所以要尽可能主动出击，全面搜集信息，注意观察，觉得有不对劲的地方马上找原因。要不是我及时察觉出问题，这次投标很可能就黄了。本以为就两家竞争，没想到半路杀出一个江陵公司，而且已经铺好了路，差点被他们抢了生意。

中标这事不到最后拍板的一刻，决不能掉以轻心，尤其是手里掌握实权的人，所有竞争对手都拍他们，谁给的条件更好就跟谁做，但也不排除徐经理这种通吃的，所以一定要主动，掌握先机才能立于不败之地。

软件销售记 PART 5

1.团队分工销售

拿下巢湖的三个渠道之后，我有些自满，觉得自己很厉害，有点飘飘然。我打算休整一段时间，工作不那么拼了，将重心转到了私人生活方面，与喜欢的姑娘结了婚。

有人曾经总结过，销售就像谈恋爱，你要想尽一切办法去吸引对方，让对方喜欢你。对于这个说法我不置可否，不过我个人觉得销售更像结婚，恋爱的话只要对方喜欢你就行了，而销售还得让对方接受你，接受你不是一时，而是要一辈子接受你。

罗总因为当年的那束玫瑰花对我一直有好感，她打电话给我，问我有没有兴趣去她们公司做销售管理。

我说："罗总，我不想卖电脑了啊。"

罗总说："不卖电脑，现在我做的是软件开发，专门给企业开发管理软件，需要一个有企业销售经验的人。"

这就是客户资源的重要性，前期的第一印象很重要，而后期的维护更是关键，我虽然换过很多工作，也换过几个城市，但是从没有忘记维护重要客户。

虽然我在大伯的公司做的还不错，但是随着越来越激烈的市场竞争，公司已经开始出现颓势，走下坡路了。我考虑之后，便答应了罗总，这是我第五份销售工作，也是我现在的工作。历经多年打拼，我从一个业务员成功跻身为销售总监，也如愿以偿地加入了趋势性行业。

我之前的销售有点像郭靖和江南七怪学功夫的时候，武功各有所长，但是又杂又乱；到罗总这里之后，就有点像郭靖学降龙十八掌和九阴真经的感觉，越来越有章法了。

　　资本发展进步的结果就是社会分工，到了销售这里，已经是分工很细了，但在软件销售行业，可能是因为思维更超前的缘故，分工更加细致。罗总的团队里，寻找客户、产品展示、渠道维护、售后服务等都由不同的人负责，我们一个团队七个人，张亮负责新客户拓展，丁红和吴龙华负责需求分析和产品展示，宋雨和朱晓虹负责销售谈判，蒋国秀负责售后服务，我则是统筹全局，在销售的每个环节提前发现问题或是在问题发生后及时解决。销售是通过团队的分工协作、各种头脑风暴会议来进行，相比以往来说，团队里没有拖后腿的人，工作轻松了不少，一群有激情的人在一起工作更能创造出好成绩。

　　无论在何种企业，做何种工作，团队的重要性都是不可忽视的，尤其是在团队营销这块。即使今天还有乔·吉拉德这种超级推销员，也一定离不开团队的支持，因为个人的能力、精力有限，你需要强大的团队支持，才能做出更大的成绩。

I+We=full I——我+我们=完整的我

　　一个成功的营销人员，想要实现个人价值最大化，必须依靠团队的力量。在团队中，如果每个人都将能力发挥出来，形成正能量的结合，那么就会产生1+1>2的效果。反之，如果一个销售人员不能融入团队，不能跟其他人很好地配合，那么即便他个人能力再强，也会在一定程度上拖累团队。

　　在没有认识到团队分工的重要性时，我也希望手底下的员工各个都能成为销售冠军，既懂开发客户，又能后期维护，最关键的是还要能销售产品，最好再懂点管理知识。而很快我就发现，以这个标准衡量，几乎每个人都不合格。如果掌握了以上诸多要素，那么这个人一定已经身居高位，不可能或者说很难被挖到自己的麾下。这就要求人尽其才，将手底下这群人好好利用起来，他们不一定什么都懂，但只要每个人都懂各自的那一块就够了，我的任务就是将他们黏合起来，同样可以达到最优效果。

相比于单打独斗的个人英雄主义式的营销，团队销售的优势主要有两点：

（1）个人利益与整体利益高度一致。营销不再是主管一个人的事，所有人都十分关注团队业绩，所有人都是业务员，因此彼此利益息息相关。

（2）群策群力。在一个共同目标的指引下，所有人心往一处想，劲往一处使，充分激发出工作热情。每个领域的专业人才形成互补的局面，有助于更好地完成目标。

销售无畏

2.提升业绩，你必须牺牲部分客户

有这么一个关于寻找客户的故事。

小刘是一家汽车4S店新来的业务员，因为一直没有客户，出不了业绩，所以很烦恼。一天下午，天气很热，一个穿着老旧衬衫满脸皱纹的老头来到店里，几个老业务员扫了一眼，认为这个穷酸的老头肯定是来闲逛的，都没有去接待。小刘因为没有客户资源很着急，只要有人进店都会主动上前，然而同事小佳说："看他穿那样，肯定没什么钱，别花这功夫，去接待其他客户吧。"

小刘没有理她，坚持去接待老头，后来的事情出乎所有人意料，这个穿着朴素的老头竟然是个富豪，这次来是给公司买车的，一口气订购了二十台，小刘凭借这一单成功获得了当月的销售冠军，让其他老业务员大跌眼镜，羡慕得不行。

这个故事告诉我们，人不可貌相，销售人员不能从客户的外表来判断人，要将每个人都视为潜在客户。虽说理论如此，但实际情况还是需要凭借个人经验作出判断。

故事还没完，第二个月，资深的业务员还是用以往的经验来判断客户的购买能力，业绩很稳定，而小刘跟往常一样，不管是谁他都会主动接待，白白浪费了很多时间，却没有产生任何业绩。到了第三个月的时候，他被末位淘汰掉了。

寻找客户既是一个筛选的过程，也是一个定位的过程。

在农村生活过的人肯定都见过筛子，竹篾编的透着大大小小的眼，把麦子里的杂物给筛走，剩下的就是自己想要的。大规模的筛选客户耗费的人力非常大，而且效率非常低，因为筛选的话，意味着我们就要给筛子打眼，这个眼怎么打，打什么大小，打多少，就需要销售人员对市场精准的判断。

客户定位三大问题：

（1）我的产品能为客户带来什么好处？

（2）哪些客户需要这个产品？

（3）需要这个产品的客户中，谁有能力购买？

提升业绩无非两种方法，一是签下更多的单子，二是提升每单的销售额，而第二种方法提升得更加明显且更加有效率。所以有经验的销售人员都不会像故事中的小刘一样，花费精力在所有的客户身上，想提升业绩，你必须得牺牲掉部分客户。

道理很简单，任何一家销售公司考核的都是销售量，而不是拜访量。来看一个故事：

一头黑熊和一头棕熊，因为都喜欢吃蜂蜜，所以各自养了一箱数量相等的蜜蜂，采的蜂蜜也差不多。一天，两熊决定比试一番，看看谁产的蜂蜜最多。

黑熊认为产蜜的多少取决于蜜蜂的勤劳程度，也就是"拜访"花的次数。于是他花大价钱买了一套绩效考核系统，能够准确测量每只蜜蜂每天的工作量，以一个季度为考核周期，"销售冠军"将会得到重奖。

棕熊则认为产蜜的多少取决于每只蜜蜂每天采回的花蜜，他告诉手底下的蜜蜂，他正在与黑熊比赛，看谁产的蜜多，并且花了很少的钱买了个能测量每只蜜蜂每天采回花蜜数量的绩效考核系统，每天公布结果，并给每个月的"销售冠军"以奖励，如果采回花蜜的整体数量比上月有所增长，那么所有蜜蜂都会受到奖励。

几个月过去了，黑熊的蜂蜜还不及棕熊的一半。黑熊想不明白，为什么他的蜜蜂的访问量每月都在增长，而蜂蜜的产量却不升反降呢?

黑熊的问题就出在绩效考核系统上。黑熊强调的是"访问量"，所以蜜蜂将主要精力都用在了"拜访"客户上，如果他们背上太多花蜜，势必因为太沉而造成飞行缓慢，这样就会影响访问量，那么绩效考核就会不合格。另外，黑熊会给访问量多的蜜蜂予以奖励，而没有强调整体目标，这样就会让蜜蜂之间产生不平衡，即便一些蜜蜂发现了一大片花从，出于自身利益的考量，也不会共享信息，所以无法形成整体的协同作战，所以"业绩"一直上不去。

反之，棕熊的成功也在于绩效考核系统。首先，他把握住了花蜜这个关键性因素；其次，制定出了一套合理的奖励制度；第三，考虑到了团队整体贡献的重要性。这种机制有效促进了团队协作的可能性，飞得快的蜜蜂会去到处搜寻目标，然后将信息告诉强壮一些的蜜蜂，然后一起采集花蜜。行动缓慢、体弱的蜜蜂则负责将采回的花蜜贮存起来，将他们酿成蜂蜜。这样一来，大家为一个共同目标奋斗，分工明确，团队的效率自然大大提升了。

拜访量的多少带不来直接利润，只有销售量的多少才能带来真金白银，这也是老板们最关心的问题。基于这样一种思路，我们团队从一开始就没打算走基层路线，而且因为罗总的人脉关系，我们拜访的都是大中型的政府机关和企业。

3.让客户知道自己有需求

有些客户知道自己有需求，会招标，销售流程一下子就跳了几个环节。有些客户连自己的需求都不知道，需要销售人员从拜访开始。这是两种不同的情况，面对需求明确的客户，我们主要做的是同业竞争；而不知道自己需求的客户，我们主要做的是需求激发。

和我们在同一栋办公楼，有一家做奢侈品的公司，我们在二十层，他们在二十一层。因为二十一层没有公用厕所，他们的员工总是要到我们这一层来解决。

然后我们在厕所里听到了两件事，促成了一个单子。

第一件是丁红去上厕所时，遇到一个小姑娘，气呼呼地拎着一个大包，包里塞满了文件。因为厕所那没地方放东西，小姑娘就问丁红能不能帮她看一下包。

丁红说可以，出来之后刚好到了午饭时间，两人一起下了电梯，路上的时候，丁红看小姑娘脸色不对，就问她："你遇到什么事了，脸色这么差。"

小姑娘好像一肚子坏情绪无处倾诉，她开始跟丁红诉苦："你知道么，我刚刚大学毕业，今天才上班第二天，真是气死我了，辞职了。"

丁红关切地问："什么事火那么大，才两天就辞职啊。"

小姑娘说："今天下午我们原本要给一个客户发一批货，然后几个老员工不知道客户定了多少货，就让我去查。这些都是统计在一个EXCEL表格里，我输入客户的名字，几秒钟就查出来了，然后报给了她们。"

"这有什么生气的？"

"气就在这里，她们几个人好吃惊，说那个表里有上千个客户，她们以前查询的时候都要花一下午时间，问我怎么查的这么快，数据肯定不对，让我一个一个去查。"

丁红笑了："那真是挺笨的，不会用EXCEL吧，你可以教她们嘛。"

小姑娘一肚子气，说："我才懒得教呢，辞职不干了。"

第二件事是张亮在男厕所听到的。

一天早上，张亮突然跟我说："你知道么，土豪在身边啊。"

我说："你中大乐透了？"

"不是的，你知道我们楼上那个奢侈品公司吗？"

"知道啊。"

"刚才我上厕所，听到他们公司两个男的说话，内容是这样的。一个男的对另一个说，下午有客户要来，带他去哪里玩好呢？另一个说，你随意，公司的卡不是给你了吗。那个男的又说，上次那个客户来，一天就刷了卡里面十七万。"

张亮很气愤："什么客户招待一下要花十七万啊，真是土豪。"

基于听来的两段对话，我们掌握了以下信息：首先，客户有钱；第二，客户电脑知识不多，影响办公效率。

重要的是，如何让客户意识到自己的需求，张亮跟我上楼找公司负责人，负责人也不太懂电脑，不理解我们的产品，不知道到底能做什么。我开门见山地说了句："原先你们需要一下午做的事情，我们可以让你在几秒钟内完成。"

负责人一听非常感兴趣，可是不太相信这回事，我们立刻做了一个简单的测试版本给他试用了下，他们几个员工都惊呆了，这一单也就很顺利地拿下了。

让客户意识到自己有需求，这样就会激发他们的购买欲望，顺利拿下订单。你不仅需要推销产品，还要让客户意识到，他需要你的产品，这样才能成单。你不仅需要向客户展示产品，讲解它的功能、作用，还要告诉客户这些产品能给自己带来什么帮助，用了这些产品有什么好处。这就是在激发客户的需求，让他们认识到购买产品的必要性。

4.每一步都要有收获

去年冬天的时候，罗总给了我们一个新消息，说当地教育局邀请几家软件公司投标，要做一套教学管理软件，下发给当地所有高校使用。

本来这种软件招标都是学校自己做的，难得有教育局牵头，财大气粗，这个单子可谓不抢不行。可是难题来了，教育局是邀请招标，请了几家知名的软件公司，我们只是一家新成立的公司，没什么名头，教育局压根儿没请我们。

罗总告诉我这件事后，我二话没说，立刻带着笔记本和PPT去了教育局。

才到教育局，门口保安拦住我，问："你找谁？"

我瞎编了下："找王主任。"

保安想了想，说："哪个王主任啊，我们这没有王主任啊。"

我说："可能他不是主任吧，姓王的，让我给他送电脑来。"

"哦，是哪个部门的啊？"

我说："这我还真不知道啊，他号码都没丢给我，让我来了直接上二楼。"当时教育局总共就三层。

保安一想，说："你说王叶伟吧，小职工说什么主任，登下记。"

就这么的，我混了上去，其实也很简单，赵钱孙李，周吴郑王是中国人最多的姓氏，随便挑一个编两句就忽悠过去了。

这是销售人员的基本功，不能算骗，如果连保安这一关都过不去，趁早还是转行算了。

上楼之后，我也不知道该找谁，毕竟教育局这样的政府机关不像企业那样分为采购部门和市场部门，两层跑下来，发现写的牌子都是办公室一到办公室十五，直接闯进领导办公室肯定不合适，说不定会被轰出去。所以我来到了三层，看到一间财务办公室，两个大妈在里面嗑瓜子，我敲门进去，问："你好，我是智平软件公司的，来参加招标的，请问我该去找谁，你们办公楼太大我找不到路。"

两个大妈看我憨憨傻傻的问，都笑了，说："招标的事找钱主任，他在二楼十一号办公室。"

"谢谢你，请问钱主任全名叫什么，我不太熟悉。"

"钱良有。"

我转身又去十一号办公室，两个中年男人在抽烟聊天，钱主任应该是坐在办公桌里的那个，我敲敲门进去，说："钱主任在吗？"

钱主任看我一眼，说："我就是，你有什么事。"

我递上名片，说："我是智平软件公司的徐铁，想来跟钱主任请教下关于这次招标的事。"

另一个中年人开口了，说："智平……没听说过啊，我印象中好像没有邀请过你们吧？"

钱主任听了这话以后，把我名片往桌子上一放，说："没邀请你们就没办法了，你名片留着吧，如果有需要我跟你联系。"这话说得滴水不漏，想不走都不行。

碰了灰后，我寻思就这么下楼的话今天什么收获都没有，不管怎么样，我得想办法跟钱主任搭上线。就在门口等了一会，看那中年男人出去了之后，我立刻又进了钱主任的办公室。

钱主任一见我，问："还有什么事吗？"

我说："刚才忘记介绍我们公司的产品了，我刚好带了电脑，钱主任您看我给你演示一下好吧。"

钱主任说:"你们这些业务员真能磨,你们公司没被邀请,我们很讲究制度的。"

我说:"钱主任,现在教学管理软件前三甲是岸麦、华太和知协,我们智平是老四,就跟古时候科举一样,状元、榜眼、探花人人都知道,这臭老四就没人晓得了。"

钱主任被我说乐了,说:"那还真是我们失误了?我们的确就邀请了前三名的公司投标。"

我又说:"钱主任,这就跟学生考试一样,差一分就是一个名次,但能说这两个学生水平就差距很大吗,我想是不行的吧。您在教育局肯定知道,多少学生就差那一分上不了大学,这大学录取制度肯定不会给机会。可这次招标不一样,万一我们智平做出的比他们三家都好,价格还便宜,不让我们参加招标,那不是教育局的损失吗?"

销售必须能说会道,不是没话找话,而是要说到点子上,说到客户心里。只有说服了客户,才可能有进一步的发展。

钱主任想了想,说:"呵呵,你说的也有道理,反正都是投标,多你们一家也没事。这样吧,我去办公室问一问,如果能加上你们就加上,加不上我也没办法了。"

"太谢谢钱主任了。"

"你不是还要给我演示产品吗?"钱主任问我。

我把电脑一收,说:"钱主任,演示产品得要专业人士,我这方面不行,你看你们哪天开会,我带个人过来演示一下,你们也刚好参考参考,看能不能让我们参加投标。"

钱主任说:"这样也好,我直接把你加上去,人家还以为我受贿,这个流程还是得走走的,你留个电话,我到时通知你。"

跟客户沟通的第一步就是要吸引客户,这里的吸引不是要迷住他的意思，而是让客户可以跟我们找到话题，让客户能认识我们，之后才能切入销售环节。很多业务员在初次拜访客户的时候简简单单介绍公司和产品，那是没有意义的，客户绝对记不住。从接触客户到完成销售这么长的阶段内，我们必须确保每一步都有一个小的目标可以实现，全部实现了，销售任务也就完成了。

目标分解主要有下面几项：

（1）吸引客户，目标：获得第二次见面的机会。

（2）激发需求，目标：深入客户内心，确定客户需求，让客户想要了解产品。

（3）介绍产品，目标：满足客户需求，让客户有意愿掏钱购买。

（4）沟通价格，目标：与客户协调价格，让客户想咨询购买。

（5）确定关系，目标：让客户认可公司，认可销售。

（6）促成交易，目标：立刻签单。

这六步其实并不是固定不变的，而是交叉在每一个流程之中，有些问题天生就是处理好的，比如客户只认一个品牌，那这种问题就可以跳过。需要注意的是，在与客户接触的时候，销售人员自己心里得知道目前销售处于哪个步骤，并在每一步中完成一个目标。

5.锁定关键人物

从教育局出来后，我给钱主任发了条短信："钱主任你好，我是智平软件公司的徐铁，很高兴能跟你合作。"做销售，一定要和客户打好私人关系，给客户留下深刻印象，让客户记住自己，否则的话自己就是公司的一枚棋子，一点价值都没有，不利于个人职业生涯的发展。

回到公司，处理完一些杂事，我开始给钱主任打电话。和客户约谈之后，千万不能等着客户主动打电话确定时间，这种客户基本没有，做销售一定要时时占据主动，确保不丢掉任何一次机会。

性格内向，行事风格被动的人也不适合做销售，销售人员必须有一股闯劲，喜欢与人交往，没事就想跟人聊两句，积极主动，内心强大，这样的性格才适合做销售。

电话接通后，我说："喂，是钱主任吗，我是今天上午去你单位的徐铁啊。"

"哦，是你啊，有什么事吗？"

"早上不是和你约了去展示产品吗，我这边都已经安排好了，就等你确定个时间了。"

"这样啊，那你明天下午三点钟过来吧，我们这刚好几个高校的教务都过来，也得咨询一下他们的意见。"

"好的，那就明天下午三点。"

挂了电话，我跟丁红说："准备准备，明天下午去展示下产品。"

丁红问："要特别注意什么吗？"

我说："我们主要是和岸麦、华太、知协三家竞争，他们的产品应该都展示过了，软件质量上，应该不会有太大差别，你看看能不能找到一个他们三家共同的缺陷，就算是无关紧要的缺点也没事，然后告诉我。"

安排好丁红之后，我又去教育局跑了一趟。企业销售，永远不能指望一个人就可以拍板，就算这个人是一把手也不行，他也会受到下面人的干扰，所以除了钱主任之外，我必须找到其他会影响这次招标的人。

到教育局后，又是保安拦住我，问我找谁。这里提一个细节，我发现越是不自信的人，在和比自己阶层高的人打交道时，越讲不出对方全名，很多销售员都记得对方领导姓什么，但全名是什么都不知道，要么是没记住，要么就是根本不敢问。这样的关系是很浅的，心理学上说，这是人类的一种遗忘机制，会自觉地把与自己阶层不一致的人给遗忘掉。

我跟保安说："我找钱良有。"直接说找钱主任，保安肯定要打电话问，那样就太麻烦了，我下午来不想先见他。

保安一愣，说："钱良有是谁？"

我说："就在二楼十一号办公室的。"

"哦，钱主任啊，原来他叫钱良有。"然后保安就又放我进去了。

到了教育局大楼，我先去了6号办公室。为什么去6号，因为早上在钱主任办公室的那个男的，就是进了这间办公室，从当时的情况来看，这个人对招标的信息比钱主任更熟悉，他要不和钱主任平级，要不就是更高一级。

我敲门进去，发现门是虚掩着，里面没人，不过从办公室的大小摆设来看，这的确是一间领导办公室。刚好这时保洁阿姨拎着个桶过来了，我忙凑过去问："姐，这间办公室的人不在吗？"

保洁说："这我哪知道，可能是出去了吧。"

"他门都没锁呢。"

"那就是上厕所去了，你找夏主任是吧。"

知道他姓夏就够了，我不想被钱主任看到，就去了一旁的楼道，远远看到夏主任从厕所那边拐出来。

"夏主任，你好，我是智平软件公司的徐铁，早上我们见过面的。"

夏主任看我不请自来有点懵，说："有什么事吗？"

"是这样的，不知道钱主任跟你说了没有，我们约了明天下午三点来做个产品展示。"

"哦，这个啊，他跟我讲了，不过你们公司我们的确不熟悉，教育局招标还是很严谨的。"

我说："夏主任，我们公司在业内也是排在前五的，这方面不用担心。对了，这次招标有什么细则要求吗，我看教育局的网上都没有太多信息。"

夏主任转身从抽屉下面拿出一个文件袋，递给我说："相关要求都在里面了，投标流程你们肯定比我们清楚。我们更看重系统的稳定性，毕竟教育系统里老员工多，新生事物太复杂的话，他们不好接受。"

我说："是的，不知道其他三家公司有没有做过产品展示？"

"哦，都还没有，你刚好提醒我跟他们联系一下，做个展示，我们也好选。"

这趟来得太及时了，从夏主任的办公室出来后，我又去了钱主任的办公室，第二次见面，不管时间间隔多少，都可以准备建立私人关系。我敲门进去，钱主任看到我也不起身，一边点着电脑一边说："这个电脑你会修吗，我这好像死机了，东西还没保存。"

还好我当年卖过电脑，几下子就解决了，然后跟钱主任说："这个电脑死机主要是软件问题，软件不稳定就可能会这样，处理这种问题我们太有经验了，所以我们智平的软件不会出现死机的情况。"

钱主任说："那好，我们对稳定性还是有要求的。"钱主任吩咐我坐下。

我坐下来，给钱主任递了根烟，说："钱主任，刚我遇到夏主任，他说明天下午岸麦、华太和知协都来做产品展示是吧？"

"是的，我们对这种产品没什么经验，刚好能一起看看。"

"那的确是，软件这东西看不见摸不着，不像采购办公用品那么省心，我们还是明天下午三点到吗？"

"是的，到时候他们先展示，你们最后。"

正合我意，我又给钱主任点了根烟，问他："这次招标下面高校要提供建议的吧，你们是专门成立了一个招标小组吗？"烟是个好东西，想和对方延长谈话时间就可以给他点烟，销售人员就算不抽烟，也要随身带着烟和打火机。这是一个小技巧，做销售的一定要记住。

钱主任说："是的，我跟夏主任，还有下面三所高校抽来的几个懂技术的，为这事真是忙死了，几个人都住在我们这了！"

"哦？你们这还有宿舍呢？"

"可不是，大冷天的还没空调。"

跟钱主任告辞后，我大概已经摸透这次采购的基本情况了。

教育局专门成立了一个小组，这个小组夏主任应该级别最高，然后到钱主任，但这两人都不懂技术，所以还有三所高校的三个人，这就是这次招标需要主攻的几个人。

6.后发先至，料敌先机

我去门口找了家超市，买了点烧酒和卤菜，去了教育局的宿舍。

跟宿舍管理员打听好新来的三个人住哪间房之后，我就上去了。还没到门口，就听到男女聊天的声音，我一想，这下不好，我一时疏忽，忘了调查三个人的性别。我还以为都是男的，备好了酒菜准备喝一顿，没想到还有女士，买的东西就不对了。

销售人员事先准备很重要，很多销售新人勇气可嘉，有股子闯劲，可是愣头愣脑只会给客户留下鲁莽厌恶的感觉。因此，提前做好调查，是一名优秀销售员工作细心的表现。有勇有谋，工作细心的销售员，才能签到更多的单子。

不过来都来了，还是先进去再说，进去之后，迅速观察了一番，客户是三男一女。接着我说："我是智平软件公司的徐铁，钱主任让我来跟几位了解下关于软件设计的情况。"

我把烧酒和卤菜往桌子上一放，说："顺便给大家带了点宵夜，天气冷，喝点烧酒暖和。"

一个男的把东西一接，让另外两个人去拿盘子，说："今天是真不错，又有人送取暖器又有人送酒，我看咱们就在这待着别回学校了。"

我观察了下，发现他们的床边摆了三个崭新的取暖器，床上还放了没拆开的电热毯。这时我大概明白了，这个女的也是来送礼的，可能是我的竞争对手。为了一探究竟，我赶紧递上了名片："你好，我叫徐铁。"

女人接过名片，从自己口袋也掏了一张递给我，说："多多指教。"

我一看名片，上面印着"华太软件公司魏俊茹"九个大字，不出所料，竞争对手果然抢先了一步。

三个男的摆好盘子喝酒，招呼道："小魏，来喝两杯。"又对我说，"那个，你，徐经理是吧，也来喝点。"

我坐下来，几个人拿起酒杯喝了一口，魏俊茹很豪爽地喝了一大口。我心想这下麻烦了，女人和男人打交道有天然的优势，对手先我一步跟三个老师处好关系，我想打进来不太容易。

好在我酒量还可以，在酒桌上也放得开，因为魏俊茹在，我们互相忌惮对方，就没有谈关于这次招标的事，吃完喝完就各自回去了。

我对实力一般的对手都不太担心，对方"段位"如果比我高，我反而更高兴，觉得能学到很多东西。但就怕遇到女的，这不是"段位"的问题，女销售与生俱来的天赋是男销售没法复制的。我在卖保险时就遇到过这样一个女销售，她没有什么特别突出的销售技能，但每次促成的时候，她都会用手轻轻拍一拍客户的手背，说："怎么样，签了吧？"别小看这轻轻一拍的动作，能够迅速拉近两个人的感情，女销售无论是对男客户也好，还是对女客户也好，都可以用肢体接触去增进关系。这一点男销售是无论如何都学不来的，如果这个女销售的其他技能再强一点，男销售是没有任何机会的。有时候我会瞎想，如果我是女人的话，业绩可能会比现在强得多。

回到公司已经是晚上十点钟了，考虑到明天下午的产品展示，我打了个电话给丁红和吴龙华，让她们立刻来公司试讲课件。她们来公司后，我告诉她们："明天我们将是最后一个出场，前面三家公司的对手很难缠。明天我们不求出彩，低调点，让我们参与招标就行，你们俩的关键工作就是看看他们的软件有没有什么瑕疵。"

吴龙华说："找瑕疵有意义吗？反过来说，他们也可以找我们的毛病啊，谁家的软件没一点BUG。"

我说："这要看我们怎么利用这些毛病了，特别注意的就是要找到那种他们有，我们没有的毛病。"

攻击对手的弱点，这是销售人员在抢单时必须懂的一招，谁家的产品完美无缺？像iPhone这样的产品还用得着销售吗，站在店里卖货就可以了。

我们通宵演示到凌晨三点多，结束后我让她们早点回去休息，下午再来上班，直接去教育局。

我辗转到四点多还没有睡着，这次的对手不像以前某些对手的水平，就一个华太的女销售就让我有点胆战心惊，其他两名选手还没出场呢！看来作为业内三甲的企业，的确在营销方面很有一套。

我没睡着，起床后开车直接到了教育局，冬天清晨一股冷丝丝的劲，已经有人在晨跑了，看看这些人的毅力，又想到自己，做销售就要有股子拼劲。教育局门口的早点摊也已经摆了起来，我下车买了碗豆脑，坐在早点摊等人。

果不其然，到了六点，三个老师从宿舍出来买早餐了。我上前打个招呼："早啊。"

老师里领头的姓单，年纪比其他两个大一点，大概有三十五的样子，另外两个老师一个姓项，一个姓余，都是二十多岁的年轻教师。单老师先回应道："徐经理这么早，你住这附近吗？"

我说："没你们早啊，一起吃吧。"

"我们当老师的天天起早习惯了。"

一阵寒暄之后，三个人围过来坐，我让老板一人上了一份豆脑，又点了油饼和包子。

做销售就得拼，很多竞争对手就是这么拼掉的。客户以为我是偶遇，其实是早有预谋，特意赶过来等着他们的。

"昨天酒喝得有点上头，早上起来醒醒酒。"我喝了一口豆脑，对他们三个说。

余老师点点头，说："是的，喝得有点多。"

我说："那个小魏真能喝，我第一次见到这么能喝的女人。"

三个人点点头，表示赞同。我开始切入正题："今天下午不是要产品展示吗，展示介绍后我想请几位到公司参观一下，也是了解一下我们公司的情况，三位晚上都有时间吧。"

余老师说："这没有必要吧，夏主任他们也去吗？"

我打个幌子，说："钱主任和夏主任也要去，但不是只有你们三位懂技术吗，关键还是要你们去视察一下的。"

项老师说："我们晚上住教育局，不用回家，可以过去看看。"

另外两个老师也表示同意了。

我跟老板把账一结，说："那好，我们下午再见。"

当我们落后于竞争对手，那就要想办法超车，走正常的流程去接触客户，肯定赶不到对手前面去。对手约客户见一次面，你就要见两次；对手约客户见两次面，你就要见三次。人熟是宝，多创造见面机会，拿到订单的几率就越大。

有一条心理学定律叫做露脸效应，也叫多看效应、接触效应，指的是人们对于越熟悉的东西越喜欢。在抢单过程中，与客户混个脸熟非常重要，销售人员要尽可能制造双方接触的机会，从而提高彼此间的熟悉度，互相产生更强的吸引力。

（1）露脸效应的前提

对于销售人员来说，频繁露脸有一个很重要的前提，那就是建立在良好的首因效应基础之上。也就是说，你必须给客户留下不错的第一印象，才可以频繁露脸以增强他们对你的好感。如果对方第一次见面就不喜欢你，依然采取露脸效应，只会增加他人的厌恶感。所以，我在确定客户对我没有成见或是厌恶感之后，积极争取露脸的机会。假设客户对我的第一印象不好，那么就需要另外换成其他公关人员。这一点，竞争对手的女销售显然更有利。

（2）抓住一切露脸的机会

签单从来不容易，抢单更是难上加难，作为迟来一步的竞争者，露脸的机会本来就不多，所以如果有抛头露面的机会一定不要放过，千万不要因为懈怠而葬送了机会。比如在寒冷冬日，天还没亮我就去早点摊蹲点了，就是希望"偶遇"客户，增加露脸的机会。

（3）露脸时机的选择

关于时机的选择非常有讲究，"偶遇"就是不错的选择，预约时间会给客户造成抢单的感觉，容易引起对方厌恶。此外，你需要确定的是，你的突然来访不会给对方造成不悦，所以尽可能选择客户高兴的时候，在他们不悦的时候，尽量不要添乱。

下午产品展示之后，各家公司肯定会对教育局的几位关键人物展开公关，我一大早就来和对方确定时间，就是后发先至，把对手的路先给堵死。

7.让客户成为自己人

太累了，我在车上眯了两个小时，天开始亮了，教育局的人陆陆续续来上班了。我把车停到教育局的停车场，发现夏主任和钱主任的车位还是空着的，就去门口转悠，保安都认识我了，挥手跟我打了个招呼。

我过去给他点了根中华，保安说："你们当老板的就是有钱，出门都抽软中。"

我说："这是应酬才带的，总不能给领导抽红塔山吧，自己哪舍得抽这个。"

保安咳了两嗓子，说："领导抽烟都不要钱啊，前几天我去楼上，看到一个男的给夏主任送了两条那个什么烟，金黄金黄的，我都没见过。"

我警惕起来，问："两条烟而已嘛，不算什么，那男的要给小孩转校还是干嘛，还要找夏主任？"

保安吐了口烟，说："这我就不知道了，不过那男的跟你挺像，也提着个电脑包。"

没猜错，看来三家竞争对手跟政府机关打交道比我要有经验得多，都抢在我前头了。

销售的核心技巧都是一样的，难的地方在于潜规则。不同的行业有不同的潜规则，收不收礼，怎么收，回扣怎么给，等等都是有技巧的，这些潜规则你都懂，客户就会信任你，你不懂，客户就赶你走。这也是为什么很多新人请客户吃饭，送客户礼品，都会遭到拒绝的原因，因为你的方法不对。

这样算起来，夏主任和钱主任我只见过两次面，还没谈到潜规则的份上，但对手已经做到这一步，看来我们落后的不是一点半点。

凡事欲速则不达，光着急也没有意义，急着去提升客户关系也没有效果，很多东西必须一点一点来，我拿着一个平安符进了夏主任的办公室。

夏主任让我坐下，说："你们业务员跑得真勤快，我一天不知道要接待多少次。"

我说："这不都是为了双方合作么，总不能让领导跑我们公司吧。"

夏主任说："为人民服务，该跑还是要跑的。"

聊了几句后，我起身告辞，把平安符拿了出来，对夏主任说："夏主任，刚才我来的时候看到你车上没挂平安符，这还是要挂挂的。"

夏主任笑着说："你这是迷信。"

我说："图个心里踏实。"

这么个小东西，夏主任也没推辞就收下了，我又去钱主任那送了一个，不过比夏主任的要小一点。

送礼要送到客户心里面，买烟买酒，贿赂成分更明显，而一些小礼品虽然价格便宜但是走心，这样更能打动客户。我就见过一个卖轴承的销售，他去拜访一位女老板，一直没有签单。有天去拜访时，女老板无意间说了一句最近太忙，眼睛有点干，他二话没说就去买了瓶眼药水，女老板被他的细心打动了，签单也是理所当然的了。

所以说送礼是有两层意思的，一是我现在做的打通私人关系，二是等私人关系打通之后的利益交换，利益交换就是潜规则。

下午三点没到，会议室里已经坐满了人，包括夏主任、钱主任和三位老师。魏俊茹带着一个小伙子，另外两家公司也来了几个人，我们来的人最多，团队七个人全部到场。会议室的主席座位空着，不一会儿，一个微胖的男人走进来，所有人立刻正襟危坐，看来这是教育局的大领导了，等所有人都坐下，夏主任开始介绍："今天感谢各位企业来教育局参加这次会议，我们的周局长也亲自到场，下面大家欢迎周局长致辞。"

周局长在掌声后开始讲话："这次我们教育局招标，是为了给本市的三大高校提升教学管理的质量，我们邀请了岸麦、华太、知协和智平四家企业参加投标。"听到这，我知道公司已经被邀请投标了，今天的一件大事算是大功告成了。

"四家企业，都是软件业内的佼佼者，我们本着公平竞争的原则，特别邀请各位来进行下产品展示，大家也是互相学习，互相改进，争取为我们提供最优质的软件。"

这一听就是领导说话，对技术什么都不懂，我们做产品展示是不可能把自己的软件核心暴露出来，只会浅浅地介绍下，让不懂技术的人听懂就行了。

周局长讲完话之后，各家公司轮流上台展示产品，不得不说，三家企业对这工作都很熟，几位领导听得也很认真。轮到我们的时候，吴龙华打开电脑，插上投影仪，打开PPT，其他几位伙伴把事先准备好的纸质彩色产品说明发给教育局的几位领导，我在一旁看着团队成员的表现，大家西服革履，动作迅速麻利，表现出很高的专业性，我感到非常欣慰。吴龙华的讲解技巧虽不比其他公司销售高出多少，但我们细致到每个环节每张幻灯片，都有相应的彩页介绍，周局长连连点头，这次展示我们也做的非常到位。

会议结束我，我没有就这样打道回府，而是吩咐团队每个人紧跟一位在场的教育局领导，包括三位老师，无论如何要保证我们是最后一个离开的。这一招既是表现出重视程度，也是防止其他公司在会后有小动作，搞一些新的公关活动。我和魏俊茹还有岸麦、知协的销售经理在夏主任办公室聊天，夏主任对我们几家公司都很满意，表示现在就等我们的投标书，公平竞争。我们团队一直待到五点多，夏主任很精明，看出了我们的企

销售无畏

图，就说今晚老婆在家等着，要早点回家。就这样，我们终于可以回公司了。下楼后，我发现我送的平安符挂在夏主任的车窗上。

送走夏主任，我目送魏俊茹几个人离开教育局，然后飞速赶到员工宿舍，三位老师正在看电视，见到我来，就说："徐经理，我们还等你呢，都这么晚了还去不去啊？"

我说："叫我徐铁就行，怎么不去，车都来了。"

我领着三个人上了车，然后往公司开，路上我对他们说："单老师，刚散会还没吃饭吧，我们先去吃个饭。"几人没有异议。

我已经安排团队的人在学府大酒店订了一桌，我和张亮、宋雨作陪，几个老师大概也没享受过这个档次的接待，很高兴，喝了不少酒。

吃完饭，已经是晚上九点半，我说："都这么晚了，不如改天再去吧，楼上就是KTV，我们去坐坐。"

三个老师酒也喝得差不多了，说："去去去，走。"

就这样，一直玩到凌晨一点，我开车把三位老师送回宿舍，在这时候我已经确认，这三位老师已经将我视为自己人了。

与客户处私人关系，就要做些私人的事情，在魏俊茹提前打入的时候，我就已经没有机会从正面把关系抢过来了，而且根据我的经验，和女销售员正面抢客户也颇有难度。所以我的措施则是和客户建立私人关系，男人感兴趣的事无外乎那几样，很容易搞定。目前这种情况下，除非对方的女销售使点特殊的方法，否则她是没有机会再把关系抢回去了。

8.卖标准是最高级的销售

虽然解决了三个老师的问题，但夏主任和钱主任的公关工作还没有做到位，我又怕这件事搞不好是周局长拍板，那我们的工作难度就又加大了不少。

从开会那天之后，我保持每周至少三次的频率拜访两位主任。

投标这种买家优势的购买办法，对于销售人员最困难的有两个问题，一是招标标准，所谓三流的销售卖产品，二流的销售卖服务，一流的销售卖标准。基本上一个销售人员就能把产品讲清楚，这也没有什么难度，而服务则是做人，销售人员懂人情懂世故，服务肯定也能做好，最难的在于卖标准，也就是卖给客户一个观念。

去年我们在竞争一所学校的招标时，就输给了竞争对手。

去年三月份，本地一所高校发了招标通知，要开发一套教学管理软件，这对我们来说轻车熟路，技术上没有任何问题，便很有自信地去参加了招标。

宋雨和吴龙华先去拜访了负责这次招标的陈主任。陈主任是教学部门主管，对技术方面的东西一点都不懂，就带了各个学院的老师一起开会，让我们在会上研讨一下，同时过来的还有同业公司的陆经理。

学校方提出的种种要求都不复杂，毕竟教学管理软件我们做得很成熟，陆经理那边也没什么异议。

散会后，吴龙华提出请陈主任和各位老师吃饭，不过学校就是学校，他们居然把午饭都安排好了，反而请我们吃饭。

回去后，我们开会研讨这一单的投标问题，吴龙华说："这次招标在产品上肯定没什么竞争，毕竟是行业内做得比较久的东西了，陆经理那边也不能做出花来，我看这单主要还是打通人情关系。"其他团队成员也表示同意。

然后我们商量的一个问题就是："陈主任是学校的主管，跟一般企业老板不同，与商界打交道的经验不多，对一般的送礼吃饭人情往来大概不太熟，我们派谁、用什么方法跟他处下私人关系。"

最终团队决定让我去，我懂一点技术，可以多和老师们沟通，而且跟陈主任这个年纪的人打交道多了，比较有经验。

我到了学校后，约陈主任出来打球，想探一探这次招标学校大概的预算是多少。

陈主任运球过人上篮，我拿到球，又传给他，说："陈主任，你这体力真不错，我都跑不动了。"

陈主任说："你们年轻人缺乏锻炼，一天到晚对着电脑，体力肯定不行。"

"工作在这个行业没办法啊，电脑面前一待就是一天。"

打完球，我给陈主任买了瓶矿泉水，陈主任边喝水边问我："你们搞软件这行赚钱吧，都是学校这样的单位找你们做啊？"

我说："这要看学校给多少了，这价格最后又不是我们说了算。"

陈主任说："一般你们做这个软件多少费用？"

听了这话我大概就明白，学校对做这种软件需要多少钱没有经验，心里也没个底，不过我这时候不能乱给他说个价，毕竟陆经理那边还有竞争，于是我跟陈主任说："这也没个准，得看学校具体要求了吧，如果要求太复杂，费用肯定会高一点，我还得跟公司沟通完之后才能确定。"

以后这一个月内，我每隔三到四天，就会来见见学校的几位老师，咨询一下对教学系统的意见，还把我们公司以往做的教学系统给他们尝试了一下，都表示非常好，陈主任对老师的评价很认可，我琢磨这单子是十拿九稳，就看报价问题了。"

投标前，我去陈主任家送了点烟酒，怕他不收，就没多说别的，跟他表示合作愉快。

第二天投标结果一公布，我们没中，陆经理那边跟我们报了一样的价，中标了。

我立刻去找陈主任，陈主任跟我说："几位老师都说你们的系统好，可是不向下兼容，怕学校的电脑使用不稳定，所以选择了陆经理的。"我这才发现招标书里多了一条：要求该系统可向下兼容。

我很诧异，学校里用的都是最新的操作系统，根本不存在向下兼容的问题，而且我们实时更新，兼容性问题对他们来说是子虚乌有的事。

后来跟几个老师聊天时才知道，陆经理没有多做人情工作，每天都过来强调向下兼容的问题，导致他们把这一条写进了招标书。

这就是一流的销售，一旦把一个标准卖给了客户，其他人想打进来就非常困难，因为标准是别人定的，我们天然有劣势。这次教育局招标，我让丁红和吴龙华一直在做的事，就是找出一个只能我们达到，而其他三家公司都没法达到的标准，然后把这个标准卖给教育局。

可以说，所有把标准卖出去了的公司，最后都成功垄断了整个行业，一个典型的例子就是王安电脑公司的兴起与衰败。

对于电脑公司，现在人们都能随口说出IBM、微软这类顶级公司，要知道，当年有一个中国人在美国打拼，建立起的王安电脑公司，在当时也是红极一时的。比尔·盖茨曾经说："如果王安电脑公司没有衰败，我可能会在某个地方当一位数学家，或一位律师了。"

王安起步于1949年，他在美国留学，毕业后向美国专利局申请"存储磁芯"的专利。这项专利在当时的电脑市场很具前瞻性，商业前景非常广阔，以至于IBM都找王安洽谈收购事宜。最终王安将专利以50万美元的价格卖给了IBM，并以此为基础在波士顿开办了王安实验室，也就是王安电脑公司的前身。

60年代初，王安成功研发出对数计算器，这种计算器可以给用户带来更加便捷的操作体验，投产后受到市场追捧，王安电脑公司也在这一年成功上市，当天收盘的股价高达40.5美元，从此，王安摇身一变成为超级富豪。

王安真正的成功，是在1971年，当时办公室里使用的都是老式打字机，效率低又难于使用，王安则适时推出了当时最先进的文字处理机，重新树立了打字机的标准。据说，此时正因心肌梗塞住院的IBM掌门小托马斯·沃森在看到这条消息时，大喊："怎么没有人早点告诉我！"喊完，立马昏厥过去了。

此后，王安通过对文字处理设备的市场调研，又研发出世界上第一台具有编辑、检索等功能的文字处理机，它能够用键盘快速修改文稿，文字可以通过屏幕直接显示出来，还可以印制文件。该设备一经问世，就给当时的职场带来了一场翻天覆地的革命，从美国白宫总统办公室到企业、机构的办公室，王安文字处理机受到了秘书和专业人员的广泛欢迎。1977年，王安公司营业额首次突破1亿美元大关。

这就是树立行业标准的重要性，现在作为销售，一定要有树立标准的能力，这个标准不一定非要是自己产品的优势，只要你的产品包含其中一个特点，都可以用来树立标准。前些年电视广告上总在播一个补钙产品的广告："蓝瓶的，补钙。"其实蓝瓶对这个产品的使用效果真的有多大影响吗？我觉得不一定，但它提出这个标准之后，后期所有的厂家想打进这个市场，就必须服从这个标准。客户的消费习惯培养起来后就很难更改，所以市场上当时补钙的产品都用蓝瓶作为包装。

王安电脑公司胜在标准，也败在标准，80年代后，个人小型家用电脑市场兴起，而王安却没有把握住机会，IBM公司乘机打入市场，设立了小型家用机的一系列标准，等王安进入这个市场的时候，全市场都在跟着IBM的标准走，软件都可以在上面运行，而王安的产品一个软件都没有。王安电脑公司失去对市场产品标准的掌控后，也不可避免地走向了衰落。

其实王安电脑公司的失败原因有很多，但从销售的角度来看，一旦对手的产品设立了行业标准，我们就非常难打入了，这是根本原因所在。所以设立标准，可以说是我们在销售竞争中必须要做的事。

投标的第二个困难在价格，当三家企业都达到标准后，买家就要衡量价格了。他们的成本是多少，预估价是多少等，这些都是不透明的，所以投标这种方式在西方国家很流行，就是因为它在制度上很公平。

但到了中国，这就是两码事了，据说40%以上的经济犯罪都跟投标制度挂钩。因为卖家为了中标，必然要和买家沟通，想尽一切办法去套出买家的价格，是每个投标人都会去做的事，往往就差了一万两万的金额，一次投标就失败了。

但买家给不给我们透露价格，就得靠私人关系了，所有的潜规则都出自这个地方。

在这次招标上，夏主任和钱主任对产品的异议不大，只要三个老师说可以用，他们就可以定下来。但三位老师的作用也仅限于此，我希望的不是他们说我们家的产品能用，而是说哪一家产品不能用。丁红和吴龙华告诉我，岸麦的管理软件很先进，很多东西别人家没考虑到，他们都想到了。我问："有没有什么是他们想多了的？"

吴龙华说："有，他们的软件是自动联网更新，这个我们都做不到，不过对于学校来说，自动联网更新反而会有不方便，网速慢的话会导致更新很慢，更新期内都没法使用。"

我说："够了，我们先踢走一家。"

早上十点，我到了夏主任的办公室，跟他说："夏主任，这次教育局对这个软件有没有什么特别的需求？"

夏主任说："也没什么，关键就是稳定，我们帮高校采购这个，就怕采购不好，他们说闲话，现在一搭上投标，底下人想法很多的。"

我说："这是的，只要软件不联网，软件都是很稳定的，虽然联网更新比较方便，但是欠缺稳定性，所以我们一般都是用硬件更新。"

"原来是这样。"夏主任似懂非懂。

我接着说："而且联网的话容易中毒，甚至被黑客入侵，教学系统里不少资料还是很重要的，保密一定要做好。这个问题三位老师应该都很清楚，夏主任不用担心。"

与夏主任告辞之后，我又去了三位老师的宿舍，几个老师对我已经很熟悉，寒暄几句后，我说："三位做这个活真是悲惨啊。"

单老师很奇怪，问我："怎么悲惨了？"项老师和余老师也很不解。

我说："这话你们听着就听着啊，心里有数就行。你们想，招标是教育局发起的，夏主任和钱主任又不懂技术，让你们三个来，明着说是监督咨询，实际就是背黑锅，要是最后软件的效果不好，你们觉得夏主任和钱主任会背这个黑锅吗？"

他们三个没说话。

我接着说："他们只要说自己不懂技术，什么责任都推掉了，然后责任不都是你们三个背。"

余老师低着头，说："真是这样，政府机关比我们学校复杂多了。"

我说："所以啊，你们得知道这次招标对软件的核心要求是什么，只要稳定不出事，那就没事。公家单位不都信奉这个理念吗。"

三个老师频频点头，说："有道理，不过徐铁，你就是想让我们选你们家的吧？"

我说："从公上说，这是我的工作，我肯定希望你们选我；从私上说，就算你们不选我，我也得把这情况跟你们说，以免到时出事怪我没提醒你们。其实这事夏主任都清楚，比如说这个软件更新问题，他都知道要用硬件更新，不能联网更新，不然不稳定也不安全。"

项老师说："联网更新而已，有什么不稳定不安全的，这都是小事情。"

我说："这就是你不懂了，所谓政府无小事，要不你去问问他。"

余老师说："这也有道理，毕竟我们学校的电脑并不是总联网的。"单老师也在一旁点头。

"这事你们到时写在招标标准里面就行了，我们几家基本上都是硬件更新。"

晚上我又带他们去吃饭唱歌，岸麦的人却一直被蒙在鼓里。

销售无畏

9.操纵销售流程

三个老师是编写招标标准的，把标准灌输给他们就非常有效果。但联不联网这事，对我们来说只要改几个代码就可以解决，我知道岸麦早就淘汰了硬件更新，可以说标准里加上这一条就是要他们的命。

剩下需要解决的就是华太和知协，我一直在尝试和夏主任有更深层次的沟通，可是夏主任一直不给我机会，几次邀请吃饭都不答应。我隐约感觉政府机关的人和我以往接触的企业人士不一样，他们不会轻易和你搭关系。

这天我又到了教育局，没进去，先跟保安抽了根烟。人说企业有三宝，保安、保洁和保驾，也就是司机，这三类人往往对一个单位内的人脉关系了解得比谁都透彻。我发现保安的桌子上放了本庞中华钢笔字帖，对他说："你这字写得好啊。"

保安说："读书少，不少字不认识，练着玩。"

我说："那你不该练这种，这个字练出来很死，不好看。"

"哦？那我练哪种？"

我说："改天我送你本。"

和保安侃完，我又去找夏主任，夏主任不在，我顺路经过了周局长的办公室，发现他的门开着，人坐在里面。

我突发奇想，去敲了敲周局长的门，问："周局，你现在方便吗？"

周局长抬头看我，说："是智平公司的徐铁经理吧，进来吧。"只见过我一面就记得我名字，当领导还是有点水平的。

我去他对面坐下，他把手上的文件放下，对我说："上次你们的产品展示很有水平，那个吴龙华经理不当老师真可惜了。"

我笑着说："周局过奖了。"

周局长说："这次招标我们很慎重，也希望你们技术公司多跟我们的专家老师交流，毕竟关系到全市所有高校。"

我说："那是肯定的，我们也需要具体了解一下各个高校的需求，那周局长你看这样行不行，我们几家公司跟三位专家老师一起开会研讨下，你的意见如何？"

周局长说："这想法不错，你们去做吧。"

我说："那我们就立刻办，您看方不方便给夏主任打个电话说一声，我们三天后就办。"

"好，我立刻打。"

等局长打完电话，我立刻去了夏主任办公室，夏主任见到我后，说："来得正好，刚周局说让我们三天后开个会，让几个专家老师和你们几家公司研讨下，你们到时记得安排人过来。"

我说："没问题。我现在就去找三位老师。"

我去宿舍后，跟他们三个说了这事，他们说这样也好。

我带着技术人员提前一天就去了宿舍，跟三位老师在学校需求问题上提前做了沟通。当天晚上，我们已经确保自己可以满足三位老师提出的所有要求了。

第二天开会，周局长也到场了，三位老师提出了很多问题，与昨天的基本差不多，其他公司因为没有提前准备，对很多问题不敢当场拍板，表示需要回去研讨下，只有我们一家当场表示全都没问题。

会议结束后，夏主任和钱主任单独拉住我，说："你们公司表现很抢眼啊，刚才周局都夸你们了。"

我说："这样不是影响招标公平吗？"

夏主任说："这就是你不懂了，对于我们来说，稳定重要还是公平重要？下周投标，你们好好准备。"

这下子我觉得胜算多了几分。

销售要有序，但不能按照客户或对手的路走，一定要有自己的节奏，而且要让客户和对手都顺着我们的节奏，对于客户会谈见面的每个时间点，都要把握在自己手里面。

到此为止，这一单所有的关系人、决策人、影响人我们都已经解决到位，可以说拿下这笔单子也是理所当然的事了。

后记

关于销售技能和技巧的培训，我始终认为，简单通过读几本书是学不会的。而是需要通过多年的摸爬滚打，总结实战经验而来，而看书能够起到辅助与引导的作用。

在这本书中，我所讲述的每个案例和夹杂在案例中的销售技巧，都是针对当时的销售情景，给出的具体解决方法。如果你是一位销售人员，读完这本书可能有三种感觉：很一般；很有道理；很实用。

感觉很一般的，要么是他的水平在我之上，这类人很可能根本不会购买此书；要么就是压根儿没看懂。

感觉很有道理的，说明他认同我的观点与方法，但是没有学到或者说没有派上用场，还需要通过实战继续提高。

感觉很实用的，也就是我写此书的目的，他们通过阅读此书，找到了解决自己问题的办法，提高了销售技能，最重要的是签到了更多的单子，拿到了更多的提成。

每一次销售遇到的情况都不一样，很多时候不是自己能力不够，而是还不知道处理这种情况的方法，这就需要有人给个"当头一棒"，顿悟出来。所以说，销售要有悟性，就在于此。

这就是我做销售十五年的抢单经验，我从一个默默无闻的业务员，一直做到今天的销售总监，虽然公司不是顶级大公司，但是经验却是实实在

销售无畏

在的。再者说，那么多销售人员，不都是一步步做起来的嘛，也不可能每一家公司都加入世界五百强。所以我相信，我的书一定会对一些销售人员产生实质性的帮助，而对我来说，做到这些就已经足够了。